서른, 결혼 대신 야반도주

年屆30與其結婚，不如夜半脫逃！

U0006958

作者——金帥氣、魏偽善
譯者——陳采宜

前言

出國當天

韓國，仁川

當大部分的人正因為星期一症候群而痛苦地去上班時，走往仁川國際機場國際線出境大廳的三十歲女子，心裡冒出一個想法。

「咦，似乎跟想像的不太一樣……？」

展開環遊世界旅行那一天的機場，這個場面不知道在腦海中上演過幾次了。想像中的女子是帶著輕快的腳步前往新世界，還有充滿希望的眼神。內心如同塞得鼓鼓的背包，應該也是滿滿的激動吧。作為前往人生第二幕的關口，機場的出境大廳是個非常棒的場所，不是嗎？

然而，現實總是不如想像地順暢華美，也沒那麼簡單應付。我並不是想像中的那種優美模樣。隨意劃過並留在臉頰上的淚痕，以及整夜沒闔上的眼皮之間有著充血發紅的眼球，還有，臉就像一整天都賣不出去的魚漿串一樣，水腫到不行。

出國前幾天真的像是戰爭一樣。預計長達兩年的旅行行李，一直到出發當天凌晨才開始打包。我和強忍住淚水的媽媽道別之後，在公車上哭得一把鼻涕一把眼淚。將疲勞、眼淚和混亂全都塞進背包裡，身體前後各背上一個凹凸不平的背包，接著走下公車。

沒多久帥氣也到了。深怕別人不知道我們是朋友似的，跟我一樣熬夜打包行李、在來的路上不斷哭泣的她，樣子果然也十分狼狽。

機場裡也有幾位朋友來為我們的離開與啟程加油打氣。被他們包圍著並一起談天說笑，這時才終於回過神來，也有了真實感。

我，真的要離開了。

飛往馬德里的班機進行登機報到手續的時間到了。將背包放在託運行李的地方，交出護照，從現在起護照是唯一的身分證了。目前為止所有的事情都如流水行雲般自然順暢。直到辦理報到手續的櫃臺人員接下護照，然後眉間出現細微的皺紋為止。發生什麼事？為什麼要皺眉？背包的重量完全符合託運的規定呀。

「請問您有購買離開歐洲的機票嗎？」

「沒有。」

「那麼，您住在歐洲嗎？」

「嗯？喔，不是。」

「若是這樣，您不行出國喔。」

這時候，腦中浮現一個關鍵字。

申根公約。

沒錯。如果以免簽證的方式到歐洲申根區國家，必須要有九十天內出境的機票才行，好像是為了防止非法滯留而制訂的制度。啊……竟然忘了這件事！我努力地把嚇飛的魂魄抓回來，詢問櫃臺人員如果想出國應該怎麼做。

「請購買離開歐洲的機票。」

「現……現在嗎？」

「是的，馬上就要截止登機報到了。請快點喔。」

該死！必須買機票。立刻。

沒有時間猶豫了。趕緊用機場的電腦搜尋機票。要從歐洲的哪個都市離開、要前往怎樣的都市才好呢？還有，要什麼時候離開呢？完全沒有想法，需要填寫的東西怎麼這麼多，選項也很多。為什麼不能結帳？不停地冒著冷汗。

最後買了飛往古巴的機票。買機票像在超市買口香糖一樣，這是我有生以來第一次。

前言

出國當天

距離登機報到截止還有五分鐘。現在只剩下一件事要做，就是跑到報到櫃臺！朋友們幫忙背上我們的背包，跟著我們一起跑。其中有一個非常樂觀又沒有對策的人物，也就是行事風格和我們類似的某個人，對著奔跑中的後腦勺大喊。

「哈哈哈，我就知道你們會這樣。喂，不能出國又怎樣。我家地下室讓你們躲啦！我幫你們把西班牙美景印出來貼到牆上，你們再拍照上傳到部落格吧！肯定不會有人發現的吧？噗哈哈哈。」

很抱歉，現在沒那個心情笑。

急迫感消除的同時，抵達登機報到櫃臺。只要能出國，只要能離開仁川，現在要我立刻將靈魂以低價售出，似乎也不會覺得可惜。要環遊世界的事情整個村子都知道了，如果連國都出不了的話，再多的臉都不夠丟啊！腦海中具體地浮現，將朋友們的安慰當作下酒菜，在仁川海邊喝著燒酒的淒慘模樣。

不行！不該是這樣子。我自然地合攏雙手。老天爺、佛祖、真主阿拉、大自然的母親啊，請讓我出國吧。

好不容易完成登機報到手續，這時卻傳來最後一次的登機廣播。還沒來得及好好好地跟朋友們道別，就得再次開始奔跑，跑向要搭乘的飛機。我這輩子百米短跑的最佳紀錄是二十四秒，讓人不抱希望的腿發揮了超人的力量。

戲劇性地抵達機內座位時，距離起飛已經只剩兩分鐘了。喘得上氣不接下氣，這種情況下想起，今天早上曾經有過「太早來了呢，開心地去逛個免稅店吧？」的想法，就忍不住爆笑出來。急促的呼吸中混雜著不知道是笑還是哭的東西，在這一團混亂之中，仁川的景色就像點一樣消失在雲朵裡。

非常刺激的開始。

Contents

前言 出國當天／韓國，仁川……002

第一章 三十歲，離職

離職的緣由……014
結婚vs.旅行……022
必須出發的理由……026
終於說出口了……029
可以一起去嗎……033
和別人有點不太一樣的行前準備……039

第二章　夜半脱逃之路

與眾不同的開始／西班牙，馬德里……046
我們的聖地牙哥1／西班牙，聖雅各之路……051
我們的聖地牙哥2／西班牙，聖雅各之路……060
大於一歐元的幸福／葡萄牙，里斯本……066
擅長的人，不擅長的人／摩洛哥，馬拉喀什……072
給還是不給／摩洛哥，撒哈拉沙漠……078
具有兩種面貌的都市／古巴，千里達……085
貧乏對旅行的影響／古巴，聖克拉拉……094
與低潮結伴而行／古巴，聖克拉拉……100
第三十次生日1／古巴，維尼亞萊斯……105
第三十次生日2／古巴，維尼亞萊斯……108
再次感受第一次的悸動／墨西哥，墨西哥城……118
護照不見了／秘魯，瓦卡奇納……125

臉還是屁股／智利，阿他加馬沙漠……138
辣炒年糕遠征隊／阿根廷，門多薩……144
冰河上的感動／阿根廷，埃爾卡拉法特……151
最棒的脫離常軌／阿根廷，布宜諾斯艾利斯……158
擦身而過的後悔／阿根廷，伊瓜蘇港……165
博尼塔，博尼塔！／巴西，博尼塔……172
草莓田的眼淚／澳洲，卡布爾徹……178
對我來說不怎麼樣的地方／柬埔寨，暹粒市……185
被綑綁在路上／泰國，龜島……193
喝完這杯，就代表你要跟我交往！／泰國，龜島……200
真正的恐懼與理解1／泰國，擺鎮……207
真正的恐懼與理解2／泰國，擺鎮……214
偶爾任性／泰國，擺鎮……226
說還是不說／寮國，龍坡邦……232
如何擁有完美的一天1／寮國，萬榮市……240

如何擁有完美的一天2／寮國，萬榮市……245
謠言與事實／南非，約翰尼斯堡……251
我們沒有錢，難道也沒有浪漫嗎／納米比亞，塞斯瑞姆……257
想念想念／納米比亞，庫內內……268
做還是不做／納米比亞，斯瓦科普蒙德……275
穿粉紅色衣服的小女孩／尚比亞，路沙卡……282
一百一十一公尺／辛巴威，維多利亞瀑布……286
在荒涼裡自我安慰／波札那，馬翁……292
記憶中的綠色溼紙巾／印度，土塔克……298
重回漫漫長夜／印度，土塔克……303
Begin again／印度，列城……308
回國前三天1／印度，新德里……317
回國前三天2／印度，新德里……328

第三章　現在進行式

回到大韓民國……336
回國後第十天，韓國適應期……339
考慮要不要做的時候……343
考慮要不要說的時候……348
回國後的生活，維持生計主義……352

後記　寄給某個人的明信片……359
作者的話　我們真正的旅行……365

第一章
三十歲，離職

離職的緣由

三十歲的春天，生平第一次離職。在工作了整整五年之後。

青春期的時候，多虧家裡複雜的情況，讓我提早成為小大人，自己主動選擇用功讀書，完全不像個國中生。隨時都有被社會拋棄的不安感，就是我用功讀書的動機。光是在考試前一天認真地翻閱教科書，就能讓我獲得班上第一名至第二名的成績。這全是託了周圍朋友的福，他們大部分都因為得到比虎患、天花還可怕的「中二病」而徬徨不前。

我居住的這個地區，國中升高中的升學制度是舉辦聯合考試，並依照成績排名進行分發。我因為在校成績很好，所以很幸運地被競爭率最高的學校錄取，但是我卻覺得難以適應。我仍然維持在班上第一、二名的成績。只不過差別在於，不是前面數來第一、二名，而是倒數第一、二名。因為這裡聚集了比較會讀書的孩子們，所以不管我再怎麼認真，只要一考試，我就免不了成為吊車尾。於是我漸漸失去自信，並且開始出現胸悶的症狀。

早上起床後，只要換上校服，眼淚就一湧而出。搭公車去上學的路上，只要聽到公車到站廣播出現學校的名字，我就會嘔吐。那時候我曾考慮辦自動退學，但是卻連退學的自信都沒有。在無法確定爸媽是否能守護我的情況下，獨自準備學力鑑定考試，這對當時的我來說，是一件非常恐怖的事。現在回想起來，當時似乎是有一點輕微的憂鬱症。我就這樣以不適應者的樣貌度過了漫長的三年歲月。與其說是撐過來了，不如說是因為害怕才忍受下來，這種說法其實更貼切。

我參加了大學入學考試，並且考上了大學。主修選了服裝學。雖然是毫無脈絡可言的選擇，但是我有我的理由。因為厭倦了用功讀書，而且我很喜歡「衣服」，這種理由是參雜了不成熟的十九歲的理論。

令人感到遺憾的是，我到了大學也一樣適應不良。由於手還算靈巧，所以給我一件衣服，要我製作出跟它一模一樣的衣服，基本上沒有什麼問題，但是如果教授說：「請從建築物中尋找靈感，試著設計出服裝。」我就會因此想到頭髮發白。

我是典型的填鴨式教育受害者，悲哀的韓國學生的樣本。

又開始無窮無盡的徬徨了。曾經認為自己很會讀書，但其實不是；曾經認為自己與眾不同，是具有藝術天分的人，但其實也不是。搖擺不定的二十歲。

是不是應該退學？是不是應該轉系？我在煩惱這些問題的同時，又對脫離主流這件事感到害怕。這條路是我要走的路嗎？在這個時時刻刻都在搖晃的時期，時間仍然不停地流逝。

煩惱的深度很淺，恐懼的大小很大，我缺乏走上新道路的勇氣。

跑到就業最前線的時候也是一樣。當我意識到即使是不適應者，也不可能繼續留在這個被稱為學校的圍籬裡面時，這段期間層層累積的不安、恐懼和鬱悶，便開始強烈地支配我。我完全不知道像我這樣的人到底擅長做什麼，很難精準地說出是從哪裡開始扣錯了第一顆鈕扣。

我想知道我是怎樣的人。

我懷抱著危急的心，到處尋訪適性教育、心理檢查、諮商等等。在這過程中，我認識了我的第一間公司，並參與了當時公司開辦的教育課程。由於那是以上班族為對象的教育課程，因此上課的學生中，只有我的身分還是大學生，由此可見我內心有多麼急迫。

某一天，我關在像儲藏室的房間裡寫著履歷，突然接到了一通聯絡電話。儘管還是學生的人只有我一個，但我仍然把所有課程上完了，課程負責人很看好我，於是提議要我去他們那邊打工。反正我剛好因為書面資料審核接二連三地落選了，沒有收到任何面試通知，只有收到通知我帳戶變空的文字訊息。於是我在那間公司當了四個月的工讀生，後來，非常感恩地，我收到了轉為實習生的提議。

由於這和我的主修沒有任何關聯，加上我是這領域的門外漢，因此我有點猶豫，但是我沒有猶豫太久。當時正是爸爸因為意外去世，生活變得越來越困難的時期。我認為這不是煩惱適性問題的時候。我必須要賺錢才行。

我就這樣進入公司並且工作了五年。雖然我歷經了許多苦惱才進入公司，但是新進時期我還是過得很開心。比起工作本身，工作帶來的歸屬感和安定的生活，具有很大的魅力，並激勵了得到「認同」的我。持續加班，我也不覺得疲累。我認真地工作，晉升速度也比別人快，還得到公司的表彰。

但是，我也面臨了大部分上班族都會面臨到的「職業倦怠」，速度緩慢到自己都無法察覺。安逸感和無力感鑽進快樂和熱情的位子。為了和公司溝通而不斷努力、為了改善一成不變的工作而燃燒鬥志的模樣逐漸消失，我開始滿腹牢騷。

大概就是這個時候，我開始用下班後的喝酒時間來填補日常生活。由於天生容易感到孤獨，因此變得喜歡和人們聚在一起，於是，下班後就和同事們一起喝酒，然後將職場生活中的無力感和壓力，裝進酒杯裡送走。就這樣重複著加班和喝酒的某一天，向來機械式地操作Excel的右手臂，突然出現令人陌生的麻刺感，而且久久沒有消去。我生平第一次躺到MRI機器裡，然後被判定為重度的頸椎椎間盤突出症，上了手術臺。意想不到的住院、手術和曾經以為是「別人的事」的疾病，現在全部都變成「我的事」了。

以椎間盤突出症為開始，整個身體逐漸崩塌。不斷地出現原因不明的病痛，各種醫療費用收據和藥袋堆滿書桌。眼睛的微血管突然爆裂，看完眼科之後，又換牙齒痛。看完牙醫，情況比較好轉時，子宮又突然出血。到婦產科接受治療之後，眼睛又開始有問題。不管去哪一家醫院都沒有聽到特定的病名，他們都說是因為壓力造成的，要我好好地放鬆和休息。這種事誰不知道？世界上有誰是因為不想休息才不休息的嗎？

那年年底，我在整理年度結算的資料時，整理到一半我的手停了下來。這一年來花費的醫療費用，竟然超過了七百萬韓元。我意識到這當中肯定是哪裡出了差錯。我懇切地想要休息的那個時候，年紀是二十九歲。

因為身體不舒服，我變得討厭所有的事情。不斷地對我要求著什麼的客戶，他們的聲音成為一種難以言喻的壓力，朝著我逼近。毫無笑容卻能用開朗的聲音接電話、在沒有一絲歉疚的情況下寫出道歉信，某一瞬間我突然覺得這樣的自己好可怕。整天待在一起工作的同事們，馬上就察覺到我的變化，而我也察覺到他們已經察覺到了。很快地，這個察覺讓我無法自在地做自己，無法做自己則讓我再次陷入煩躁的惡性循環當中。

某一天，我突然表明了想辭職的念頭。這是衝動的決定。但是，當對我的狀況瞭若指掌的組長問到「離開之後要做什麼？今後的房租和媽媽的生活費該怎麼辦才好？」時，我只能無奈地回到座位上。

一轉眼又過了半年，然後我明白了。越不在意時間，時間就過得越快。儘管工作沒有任何意義，還是可以做，這樣的工作有多麼枯燥乏味。深刻地領悟這一切之後，我準備好新的道路了。說得更準確一點，是準備好走上新道路的「勇氣」和「理由」。

在這之後不久，我被抓到一個進公司以來最大的業務過失。而且就發生在接替我位置的繼任人員來上班的前一天。雖然很遺憾，但我第一個想到的是「為什麼偏偏是現在？」。公司傳來決定，只要收到我和組長的事由報告書，公司就會承受我造成的損失。但是，即將離職還必須寫生平第一次的事由報告書，這種淒涼感實在是無法言喻。為了善始善終，我暗自下定決心，要自己承擔那筆損失。

獨自感到心痛並且失眠了好幾天，正當我變得很憔悴的時候，媽媽打了一通電話過來。我努力裝成很開朗的樣子，但是媽媽一下子就察覺我的聲音不對勁。因為媽媽追根究柢地問我發生什麼事了，眼淚就這樣流了出來，然後只能將事情的始末都說給她聽。隔天，媽媽又再次打給我，她說損害賠償金已經準備好了，叫我什麼都不要擔心。

「雖然是我女兒，這麼說有點不好意思，但是至今為止，光是順利地從學校畢業並且一直工作到現在，就足以讓我引以為傲了。這樣就夠了。這段期間辛苦了，我的女兒。既然現在要離開很辛苦的公司了，你想做什麼就做什麼吧。」

離辭職還有一個星期的這一天，因為媽媽的聲音，我哭了一整個早上。

要說出這些故事的點點滴滴，對我來說是最困難的事。我知道即使不公開這些內容，也不會有人說什麼。我也知道可以用這樣的一句話來概括：「認真地工作之後，突然為了自我實現這個偉大的目標而想要去長期旅行，並因此離職。」

但是現在，我認為只有將當時的情感和狀態全部吐露出來，洗乾淨之後拿去晾，只有我自己完整地檢視過這些情感、只有將這些情感拿出來讓大家理解，拿出來曬太陽，健康地曬乾，我才能再次朝氣蓬勃地笑著進入下一個週期。

現在，我想要承認自己的不完美，並且緊緊地擁抱犯下錯誤的自己。不要掩蓋過錯，不要美化失誤，要接受它本來的樣子，我想要為了成為更好的我而努力。我想這麼做的動機，不是為了獲得「認同」及「喜愛」，也不是為了賺取給媽媽的生活費，而是想朝向我真正能做好、能享受的事情前進，在我未來的人生中，留下飽滿有活力的新篇幅。

因此，三十歲，我離職了。

這一行字的轉變是如此漫長。

結婚 vs. 旅行

準備環遊世界的時候，最常聽到的話就是：「怎麼會做出這麼有勇氣的決定呢？」當時我沒頭沒腦地參雜了自己的狗屎哲學來回答，乍聽之下很帥氣，但只要知道實情，就會發現我只是說出如浮雲般的回答。那時候我甚至產生錯覺，認為自己真的是個有勇氣的人，而且在聽到所有人都這麼說之後，我也覺得好像真的是這樣，並且期望自己真的是那樣的人。因為這些心情莫名其妙地混在一起，所以無法裝腔作勢的時候，我就用沉默及微笑來代替回答。

雖然辭職信上寫的事由是「旅行」，但事實並非如此。我不是為了去旅行才離職，而是為了離職才拿旅行當藉口。雖然當時我無法跟任何人說，但它的確是個不爭的事實。

因為我沒有再堅持下去的自信，所以當我浮現離職的念頭時，我第一個想到的是「理由」。一直以來我都認為要做出這種決定需要很大的勇氣，但是真的變成我的事情之後，才發現在勇氣之前，還必須有個冠冕堂皇的理由。當成丟出辭職信並甩掉公司，要離開公司的時候，大家一定會問：「那你現在要做什麼？」我至少要有一個可以抵禦攻擊的盾牌才行。

還有另外一件令我擔心的事。那就是媽媽，沒有老公、沒有其他子女、唯一的女兒就是她的全部的媽媽。我就是媽媽的老公、兒子、生活的理由和名目。雖然我因為這個事實的重量太重，而常常轉頭避開它，但從來沒有忘記過它。我想像著，等我從公司離職之後，媽媽在我們家前面的超市偶然遇到左鄰右舍時，他們會對她提出的各種問題。

「聽說妳女兒辭職了？不是還沒到嫁人的年紀嗎？那她現在要做什麼？」

雖然對於提問的人來說，這些問題並沒有別的意思，也不是真正的關心；但是對於被問的人來說，這些問題可能是一種攻擊。希望媽媽不要因此感到不知所措。當然，我並不是不知道，最好打從一開始就不要製造這些會令人慌亂的事情。好好地去上班，在適當的年齡遇到一個好人，結婚後生個可愛的孫子，這不就是我能給她的最大幸福嗎？我苦惱了好幾個晚上。但是為了媽媽，我已經被壓得喘不過氣了。最後，我安慰自己說：「媽媽的終極願望應該是我的幸福吧？」並且決定要幫媽媽準備一個「理由盾牌」。於是我的腦海忽然浮現二十二歲時，某個昏暗的凌晨，在弘大遊樂場，我與我的朋友帥氣立下的約定——「環遊世界」。

和那個旅遊取向特別合拍的傢伙一起立下的約定。

「三十歲之前一起去環遊世界吧！」

正好，我三十歲了！哪裡還有比這個更好的理由？為了環遊世界一周而拋出辭職信！但是這個理由就像從手中溜走的氣球一樣，輕飄飄的。實現的可能性看起來很渺茫。必須準備比這個更實際的盾牌。

我決定去做市場調查。樣本是我身邊出社會生活四到五年的朋友及前後輩。果然，他們也漸漸地感到疲累了，大家都為了打造自己的盾牌而忙得不可開交。有人選擇轉職、創業、重回校園當學生、結婚，來作為戰勝無聊現實的權宜之計。當然，其中也有人在尋找新道路的冒險與安逸生活的平靜之間做出權衡後，自發性地選擇了後者。

我的情況是，無法藉由安逸的生活找到平靜，所以我開始探討其他方法。轉職和創業，我不僅沒本事，也沒那個自信跟意志。我不想再讀第二次書，所以藉由學生身分回春的選項也畫叉叉。以現實狀況來說，最值得一試的方法就只有結婚了。正好當時的男朋友也想要結婚，所以決定權完全握在我的手上。但不知為何，我無法輕易地拿出結婚這張牌。因為比起和心愛的人共組家庭的期望與興奮感，如果我宣布成為全職的家庭主婦，離職時就可以不用受到任何詢問或攻擊，這對我來說更有吸引力。我沒有辦法忽略內心的聲音。

三十歲的女性上班族。任誰看了都會覺得結婚是比環遊世界更實際的答案。但是，在選擇結婚與選擇旅行的比例為九八比二的情況之下，我始終沒能抓住九八%的手。比起選擇九八%的理性選項，選擇二%的感性猶豫更加強烈。與其搜尋婚紗的款式，不如搜尋背包的款式。雖然我的年紀已經是社會大眾所說的適婚年齡，但是我的腦海中卻不斷浮現一個想法：在三十歲之前去嘗試曾經夢想過的環遊世界，應該可以用這個來代替結婚吧？

三十歲，好像非現在去做不可。

後來，我開始在與朋友們相聚的酒席上，說出我要去旅行的決心。將這些話說給他們聽的同時，也說給我自己聽。等到這個決心變得越來越堅定的某一天，下班之後，我把帥氣叫來了烤豬皮店。

必須出發的理由

這番話就跟烤盤上彈跳起來的豬皮一樣突然。剛剛，坐在對面的偽善說要一起去環遊世界。我覺得應該會很有趣，並沒有想太多。

「好啊，走吧！」完全不苦惱且豪爽的回答，反而讓那傢伙嚇了一跳。

青澀的二十一歲，我們一起去了印度。

雖然第一次去背包旅行的地方，選擇了一個不常見的旅遊地點，卻有許多志同道合的朋友陪同。那年，要上學期末的最後一堂課之前，我聞到刺鼻的異國香氣，使我全身顫抖。當時一起出發的四名成員中，有兩位要先離開印度，其餘兩位要留下來，直到把錢花完為止，還把機票效期延長。後面這兩位就是我和偽善。

這場驚心動魄的初體驗，帶來極大的後遺症。走出新德里機場，就圍繞在我們身上的印度人的炙熱視線、在公車站掏出口袋裡所有零錢去購買的蒸馬鈴薯的熱燙滋味、從瓦拉納西的河岸走回旅館，那段如迷宮般複雜的巷弄的氣味、替我們煮咖哩泡麵的印度大嬸的溫和微笑、布滿眼睛所及的天空中，庫里（Khuri）沙漠的星星。只要閉上眼睛，旅行的每個瞬間就立刻出現在眼前，清晰可見。即使把在韓國度過的一整年的日常生活疊加在一起，也比不上那些瞬間的強烈感覺。彷彿去了一趟重力和時間都不同於別人的房間。

偽善和我不停地回憶著那些閃閃發亮的瞬間，彷彿它們會褪色似的。然後到了二十三歲，我們充滿魄力地丟出休學計畫。理由當然是去旅行。一年的休學期間，前六個月我們先各自去打工賺取旅費。等到存摺終於印上先前計畫好的數字，便立刻展開為期兩個月的背包旅行。從埃及開始，途經約旦及敘利亞，最後抵達土耳其，我們盡情地享受那種輕輕地刺激著五官的搔癢感，然後回到了韓國。

大學畢業之後，我們有了各自的工作。明明開銷不多，錢還是常常不夠用，儘管如此，我仍覺得自己過著不錯的生活。回到家，就有愛我的父母。也有打一通電話就會跑來，一邊喝酒一邊擦去我的憂愁的朋友。知道自己想做什麼工作，也做著想做的工作。對任何小事都懂得感謝，自認為具有很棒的價值觀。偶爾還是會想起旅行的瞬間，但眼前的生活令我接應不暇，只能立刻消除這些想法。我沒回頭看看自己，也沒好好地規劃未來。只有隱約地察覺到，我的生活離旅行越來越遠了。

偶爾和偽善一起喝酒的時候，總是會出現類似「我們三十歲之前一定要去環遊世界才行」、「是啊，一定要啊！」的對話，有點像是酒後的一種習慣。是因為真的想要在某一天出發，才說出這種話呢？或是因為覺得自己仍然是個保有夢想的人，才隨便說說的呢？還是因為想要緬懷曾經燦爛的青春呢？我也搞不清楚。說不定以上皆是。

就這樣，來到了二十九歲。我依舊有愛我的父母，也有打一通電話就會跑來的好朋友。

這時候，偽善把長期存放在儲藏室的約定拿了出來。沉寂已久的旅行記憶又再次蕩漾起來。雖然嘴上說是為了眼前的生活而將它置之不理，但也許是害怕從這些年來打造好的慣性中跳脫。說不定我比任何人都想背上一個背包後，遠走高飛。只不過沒有勇氣，所以無法開口說出來。當擱置如此多年的決心和夢想躍上現實的豬皮烤盤的瞬間，我們必須出發了。

終於說出口了

在準備長期旅行的過程中，最真摯且最謹慎的事情就是，告訴爸媽這個旅行計畫。我的這個旅行計畫，該知道的人都知道了，唯有兩個人不知道，就是我的老爸和老媽。終究還是到了告訴他們的時候。

要做簡報演說嗎？或是正式地寫一份企劃書，呈上去讓他們批准？還是寫一封深切動人的信給他們看？我苦思了許多方案，為了讓他們的驚訝減到最小並且能夠接納這件事，我的腦袋不停地運轉著。此時我卻夢到牙齒掉了又重新長出來。

「夢見掉牙齒好像不太好欸……」

一大早就懷著忐忑不安的心情去找解夢。但是，解夢竟然說這是在意的問題會被解決的意思。這瞬間，我突然閃過「就是現在」的想法，並且立刻坐到爸媽的面前。然後直接從正文開始說起，投出了一記直球。我要和偽善一邊旅行，一邊發表我的日記。

「如何？很有趣吧？我想在環遊世界的同時，多嘗試一些這樣的事情。」

爸爸以為我在開玩笑，大笑之後就立刻走回房間，媽媽在我的旁邊大嘆一口氣。我覺得好委屈，像糖果被搶走的小朋友一樣，張大嘴巴哭個不停。本來就不擅長說話的我，把那些話去頭去尾，只說出我想說的話，那會是怎樣的內容？說服力早已飛到地球的另一端去了。

哭了一會兒之後，我說了一聲要去上班，便出門了。打起精神一看，發現我的臉熱得發燙。做出「離職」和「環遊世界」這樣的重大決定，不僅沒和爸媽商量，甚至還進行單方面的通報。光憑這些就足以讓他們傷心和生氣了，我竟然還像個孩子一樣，要求他們理解我的心情，流盡眼淚和鼻涕之後就飛快地跑出家門……

因為沒東西賣才把鐵①賣給資源回收商嗎？我要求他們看看青春的雄心壯志，但我的年紀對爸媽來說也不小了，因此，我想等到旅行有一定程度的輪廓之後再跟他們說。但是現在已經宣布了，樣子還非常難看。

下班後，我帶著愧疚及真心，寫了一封自國中以來第一次寫的手寫信。緊握著信，在玄關前面來回踱步，對即將再次颳起的暴風雨感到害怕，但我也只能對著不懂事的自己嘆一口氣。算了，這又不是拖延就能解決的事情，也不可能露宿在家門前吧？我深吸一口氣，假裝若無其事的樣子，然後把門打開。

家裡一片祥和，彷彿什麼事都沒有發生過，到處都沒看見早上我丟下的石塊。

難道這就是所謂暴風雨前的寧靜嗎？我安靜地走進房間換衣服，然後在浴室裡給手腳抹肥皂，抹到都快破皮了，接著又開始刷牙，刷到牙齒都快裂開了。我覺得好像無法再拖延下去了，於是走到客廳觀察動態。我把信放到正在主臥房裡看新聞的爸爸旁邊後就走出房間，然後悄悄地坐到正在挖取川蜷肉的媽媽面前。我拿了一根牙籤，安靜地挖取川蜷肉，仔細想想，我已經好久沒有跟媽媽面對面地坐著了。

「你總是自己做了決定後再告知。你都沒考慮到媽媽嗎？不管是以前還是三十歲，一點都沒變。」

接下來一片寂靜，當我還在考慮要從何說起時，媽媽先開口了。

「好吧，你說你要去哪裡跟哪裡？偽善的媽媽有說什麼嗎？」

「……」

「媽媽真的不想讓你去……真的不想……」

雖然媽媽已經看過我與同齡人截然不同的旅遊取向，像是印度、埃及、約旦，

①此處的「鐵」雙關「懂事」，韓文「철」有「鐵」和「懂事」的意思。

但是媽媽肯定很擔心我在長期旅行中的健康和安全，甚至擔心著寶貝女兒不平凡的未來。

對不起、謝謝、還是對不起……

我的眼淚有如睡衣上的星星紋樣，滴滴答答地墜落下來。我把頭垂得低低的，假裝很認真地在挖取川蜷肉。就這樣既真誠又平靜地和媽媽交談，並且將切碎的川蜷肉塞滿一整個保鮮盒後，便無法輕易抹去附著在指尖上的氣味。

早上起床，用大鍋子煮得噗嚕噗嚕的白菜湯裡，裝滿昨天母女兩人面對面坐著認真挖取的川蜷肉，正散發出陣陣香味。將熱呼呼的川蜷白菜湯作為早餐，把肚子填得飽飽的。接著第二天，走進浴室的爸爸突然探出頭來，問了一句：「什麼時候出發？」

是接受了嗎？雖然不是很確定，但是我也沒有再提起，爸媽也不再詢問。從此以後，我的旅行就無聲無息地成為家人間的既定事實。爸媽怎麼可能會不煩惱呢？即便如此，我也要向默默相信我的你們保證，我會健康地回來。

可以一起去嗎

離開公司以後，我沒有任何所屬單位，被貼上「無業遊民」的標籤之後，不安感一點一點地滋長著，然後開始粗暴地攻擊我。我睡到很晚才起床，過得十分悠閒，盡情地享受過去五年在職場生活中不曾享受過的自由，同時也感到無限的茫然。對帥氣說出一起去環遊世界之後，也因為「時間不停地流逝，卻什麼也沒準備，這個旅行到底去不去得成？」的想法而頭痛不已。

其中最讓我崩潰的事情是，這條路是我自己選擇的（甚至所有人都勸阻我，我還是要選），所以我不能向任何人抱怨。連要尋求建議都很難，究竟有誰可以給建議呢？表面上笑著說：「一切都會好起來的吧。」內心卻像需要滋潤的乾渴喉嚨。那些虛有其表的日子，我唯一可以傾吐不滿的人，就只有旅伴帥氣而已。

總覺得應該要做些什麼，但又什麼都不想做的無力感。更準確地說，是不知道該做什麼的茫然感。在那段日子裡，我唯一做的事情就是，整個早上都躺在床上，用手機或筆電以交差了事的方式將旅遊資訊傳給帥氣。當時帥氣手上有一個她負責的大專案，所以她還無法送出辭職信，基於這個原因，從她的上班時間開始，一直到大半夜，她就不得不被我那些不知道該怎麼辦的訊息轟炸。

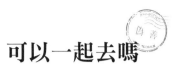

剛開始的時候，我覺得「因為我的時間比較多，所以我先進行瞭解及做準備就行了」。但是，不知道從什麼時候開始，這種從容冷靜不再出現了。「這傢伙真的有心想要出發嗎？」我開始戴上有色眼鏡，曲解帥氣的所有行為。

甚至當她像平常那樣，以嘻嘻哈哈、一笑而過的方式，傳來混雜著玩笑的訊息時，我也會覺得心裡很不是滋味，認為「有時間開玩笑，怎麼不早點下班，去多瞭解些什麼也好，我可是一天到晚都在找這找那欸」。只要我把對旅行有幫助的演講或資訊找給她看，這傢伙的回應總是「好啊！做吧！去吧！」。

仔細想想，帥氣的這一面其實跟我非常合，所以過去的歲月裡，我們才會一直黏在一起，也才會一起計畫這次的旅行。但是，就如同所有的事情一樣，那個重要的真相被我扭曲的濾鏡給稀釋掉了。

「想都沒想就說好嗎？也不先瞭解一下！」

起初我以為過一陣子就會結束了。因為我們又不是只認識一兩年而已，帥氣對我來說，是相處起來最舒服的人。但是，隨著出發的日子接近，我的不安感也跟著急遽上升。

「既然如此，乾脆跟她說，為了讓彼此都不要有壓力，我們各自出發吧？」

「不，我一個人能做得好什麼事？做出這個混亂的局面嗎？再等等看吧。」

「但是，如果我不提這個話題，她根本就不會說到旅行的事情呀。」

「難道是我的貪念拖著一個無心出發的傢伙走嗎？」

「不，不可能。我還不瞭解這傢伙嗎？再等一等吧。」

一天內要發作好幾次，整顆心七上八下的，但結論總是「再等等看吧」。然而，隨著我發脾氣的次數增加，她也開始感覺到不尋常的氣氛。在過去的歲月裡，我們曾一起去印度、土耳其、埃及等地旅行，每次都是一兩個月，但從來沒有這種緊張的氣氛蔓延在我和帥氣之間。訊息和電話都減少了。

有一天，我坐到這傢伙和酒瓶的正對面。然後，把埋藏在內心深處的話，如同咳嗽一樣吐了出來。

「我想要跟你各去各的。」

她的瞳孔放大，加上比這更大的沉默。

這令人難以忍受的瞬間，比告別熾熱的戀愛，還要痛苦兩倍。我把手貼在無辜的酒杯上。打破沉默的帥氣，說出的第一句話是「對不起」。

大家都說旅行很好，是因為它能使人徹底地瞭解自己。原本在猶如倉鼠轉動滾輪般的日常生活中，不容易發現的自我，到了新環境裡面，就會像口袋裡的錐子一樣探出頭來。然而，我口袋裡的錐子連飛機都還沒搭，只是在準備旅行的期間，就已經探出頭來了。

一直以來，我都認為自己是一個憨厚、不敏感、生活隨興的人。比起一一計畫好的旅行，我更享受那種隨遇而安的旅行。

學生時代的背包旅行也是毫無計畫可言。準備旅行的時候只會買機票和買旅遊指南書，除此之外也沒別的了。甚至旅遊指南書都是在飛往目的地的飛機上才翻開第一頁來看。

走出機場大門的瞬間，迎面而來的是「現在要搭什麼交通工具？要往哪裡走呢？」這種巨大的茫然感和些微的恐懼，以及令人難以承受的激動。當這些感覺混在一起向我襲來的時候，我的旅行便從這種觸電的感覺開始展開。大部分的時間都一起度過的帥氣，是一二〇%符合我這種旅行型態的人。正因如此，我才會毫不懷疑地認為必須跟帥氣一起去環遊世界。因為要一起進行長期旅行的話，她是全世界七十億人口中，跟我最契合的「無計畫」之人。但在這次旅行的準備過程中，我深刻地體悟到我不是個隨興的人。不對，是至少比我的老朋友帥氣還不隨興。

跟其他朋友相比，我算是沒有計畫的人，但是跟帥氣相比，我又是稍微有點計畫的人。也就是說，我比帥氣更容易擔心。

那一天，那傢伙和我之間堆積了許多的酒瓶，跟我們一起度過的年月一樣多。還有，我們進行了在過去十幾年的歲月中，不曾交流也不需交流的深層對話。和二十幾歲的時候不一樣，這是針對各自改變的樣貌及始終沒變的性情，進行深入探究的時間。

結果，帥氣和我一起出發了。無論是出發去旅行之前，或是旅行中，還是旅行結束之後，都有很多人詢問，問我們會不會吵架。兩個好朋友，而且是兩個女生，一起去環遊世界，真的是很罕見的事情，所以這是不可或缺的提問。每當這個時候，我就會臉紅脖子粗地大喊：「那是因為我很體諒我的朋友啊。」然後不甘示弱的帥氣就會大喊：「笑死人了，是我體諒你吧？」

儘管帥氣好像是世界上跟我最契合的人，某些時刻我仍然無法理解她。為什麼這麼愛睡覺？英文和西班牙文就算了，為什麼連韓文也沒什麼進步？為什麼動不動就肚子餓？還有，膀胱到底是有多小，走不到四公里就要上廁所。

但是比起這些，有更多時刻是我對帥氣感到感謝。出發之前，默默承受我的怒氣，還跟我說「對不起」的傢伙。和我互相打鬧，在別人看來就像瘋女人的傢伙，和我在世界的道路上一起咯咯大笑的傢伙，和我一起走過這條路的傢伙。

旅行中很常許願，看到流星的時候、往湖裡丟錢幣的時候、小心翼翼地把小石頭放到石塔上的時候。每當這個時候，除了希望媽媽健康幸福之外，還有一個絕對不會遺漏的願望。

「請讓我遇到一個像帥氣一樣合得來的老公。」

現在，我們似乎只要各自遇到好男人就行了。

最後這一句話，就是這篇文章的主題。

和別人有點不太一樣的行前準備

四十公升。這對我們來說，是收納所有生活必需品的許可容量。理由很簡單，因為買了這種大小的背包。要是有提前準備好的話就好了，可是，預計最長兩年的旅行行李，整理行李的時間點卻是飛機起飛前的幾個小時。我的藉口是，只要不是流落到一個人都沒有的無人島，大部分的生活必需品都可以在當地購買啊。而且令人意外的是，在國外買到物美價廉的物品的情況也不在少數！

接下來要列舉我們在環遊世界之前，在韓國準備的、和別人有點不太一樣的準備事項。

1. 腋下雷射除毛

在炎熱的夏天裡，可以使人充滿自信舉起雙手的腋下雷射除毛！當然，國外也有一些女性不除腋毛，但是我身為一個對腋毛叢生感到忌諱的人，不光滑的腋下會帶來無謂的自尊感低落。我認為每次在當地除毛時會很麻煩，而且攜帶除毛用品也很不方便。不管別人怎麼說，這種關於美容的技術，韓國都是

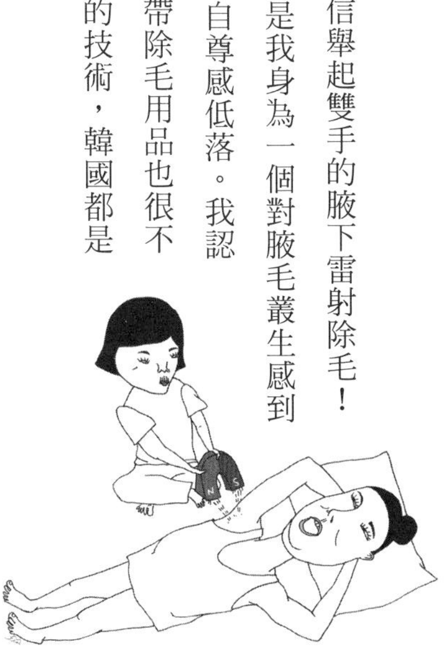

名符其實的第一名，不是嗎？

2.好幾天沒洗頭也看不出來的髮型

出發前夕，我把及腰長髮喀擦一聲剪短了，而且還燙得捲捲的。這是我說要弄成好幾天沒洗頭也不會那麼明顯的髮型所造成的結果。反正頭髮就像聚寶盆一樣，進行長期旅行之後，不知不覺又會變成長髮了，不是嗎？

3.從來沒彈過的烏克麗麗

自古以來，長期旅行就是和無聊之間的戰爭。我認為在沒有娛樂產品的情況下，樂器會成為最好的玩具。儘管這輩子從來沒有接觸過弦樂器，我也不在乎，我把尺寸最小的烏克麗麗綁在背包一角，然後就出發了。整個旅行期間，只要連上網路，我就會觀看 YouTube 的教學影片自學，並且彈得很開心。即使是不怎麼樣的風景，只要配上音樂，也會變得很好看。要毫無隔閡地和語言不通的外國朋友混熟時，也是效果滿分！因為要背著行李到處走，所以尺寸夠小、又很容易演奏的烏克麗麗、口琴、陶笛都很適合。當然，像鼓、玄鶴琴、豎琴就有點不太方便了。

4. 藝術字專用筆／漫畫專用鉛筆

如果有畫什麼、寫什麼、做什麼的才能，就把材料帶去吧。在旅途中遇見感謝的人時，沒有比這個更好的禮物了。用韓文寫出他們的名字，或者描繪他們的臉，還是做些什麼，都能成為他們永遠難忘的美好回憶。旅費用完的時候，還能拿來當作賺錢的手段，發揮真正的價值。

第二章 夜半脫逃之路

718 天，夜半脫逃的路線

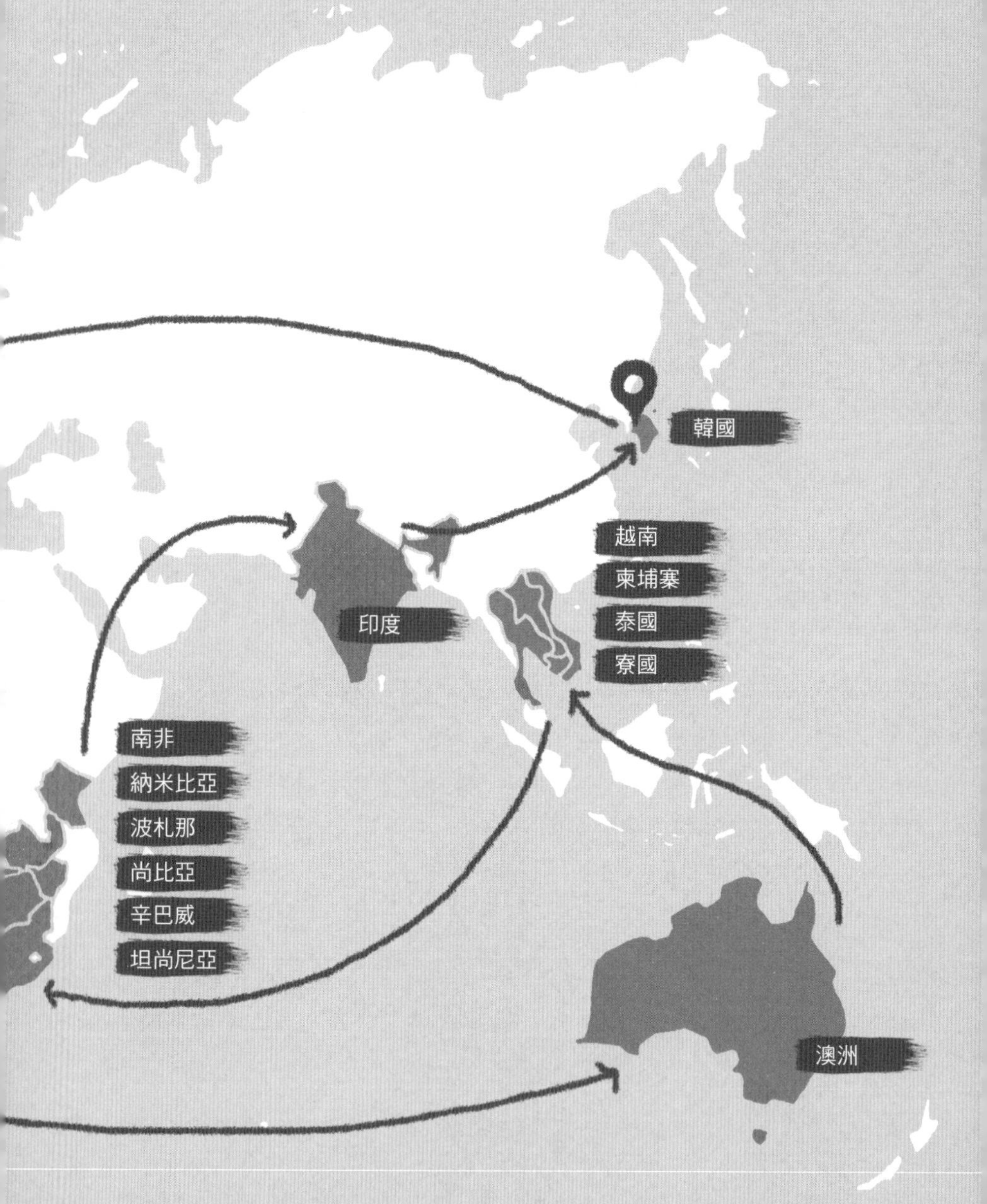

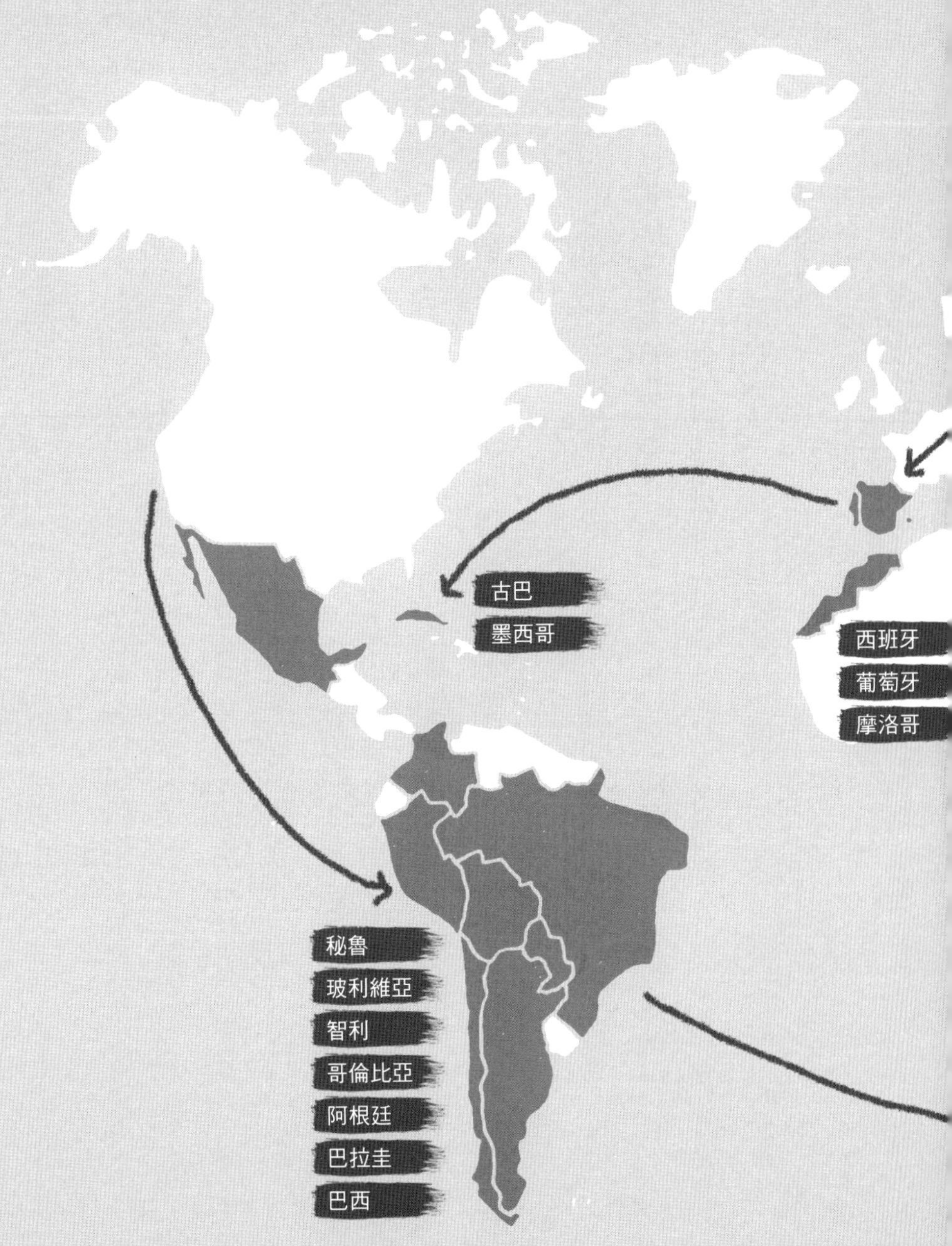
古巴
墨西哥
西班牙
葡萄牙
摩洛哥
秘魯
玻利維亞
智利
哥倫比亞
阿根廷
巴拉圭
巴西

與眾不同的開始

西班牙，馬德里

在仁川機場演出差點搭不上飛機的華麗出國秀之後，終於抵達期待已久的第一個旅遊地點——西班牙馬德里。這是先經過九個小時的飛行，然後在莫斯科轉機，接著再飛五個小時才完成的壯舉。但事實上，應該要說抵達「馬德里機場」才對。因為我們無法走到機場以外的地方。

領到行李、辦完入境手續，就已經大約晚上十一點半了。當我直挺挺地站在人來人往的機場中間，想著「現在要從哪裡開始好呢？」，才發覺這趟旅行好像真的已經開始了。

現在才開始查找前往馬德里市區的方法跟附近的投宿點，雖然我們兩個人的性格都不是會事先準備的類型，但是竟然連第一天要躺下休息的旅館都沒有預約……值得慶幸的是，雖然我們準備得不夠充分，而且離預約的行為還很遠，但是我們兩個都沒有會遭受危險的「莽撞」。與其在這麼晚的時間莽撞地到處找旅館，我們寧可夜宿機場。

環顧四周，有不少人跟我們一樣，打算在機場睡一晚。我們也不甘示弱，開始物色位置。不知道在機場裡搜尋了多久，我們發現玻璃窗和牆壁之間有個約兩坪大的美麗空間。後面是牆壁，不遠處還有流著水的廁所，可說是依山傍水的好位置。類似石床的地板質感也有五顆星。把用鎖緊緊鎖住的背包放到腳下，將輔助背包放進睡袋，當作陪睡玩偶抱在懷裡，枕著頸枕平躺，形成兼顧安全和安逸的舒適睡眠環境，可說是一舉兩得。

隔天早上，和僵硬的肩膀一起尋找期盼已久的第一個旅館，然後以矯健的步伐移動。幸好很容易就找到便宜的旅館。但這種愜意也只是暫時的，正當我想辦理入住手續時，帥氣說出一句我不願意相信的話。

「偽善……好奇怪喔。我……我的護照不見了……」

為了確定這句話真正的意思，我靜默了幾秒鐘。不，不可能。再找找看。從頭到尾仔細地翻找一遍！不願承認現實，並把所有行李都倒出來。全部都在，除了護照以外。焦慮的味道濃烈地散發出來。我想起最後一次打開護照的地點，對，是那裡，機場的外幣匯兌處。在兌換的過程中不是要出示護照嗎？如果不是在那裡的話就完……這我想都不敢想。

沒辦法，只好撐起飄飄蕩蕩的身體再次前往機場。前往不久前才剛離開的那個地方。帶著怦怦亂跳的心，抵達外幣匯兌處，不知道是不是老天幫忙，帥氣的護照就在這裡。我沒對拿到護照後尷尬笑著的帥氣吐口水，而是對她瘋狂碎念。

「現在才剛開始，就這麼散漫可以嗎？這算什麼，浪費錢又浪費時間。累得半死還不能休息。」

啊，我絕對不能像她這樣。

終於正式展開旅行的第二天。充滿活力出擊的地點是馬德里的主廣場。開始我們期待已久的旅行吧！盡情地顯露出觀光客的樣子，為了拿取市區地圖而移動腳步的瞬間……啪。

我聽到東西被扔到地上的聲音。回頭一看，地板上有一張照片，照片裡的人好像在哪裡看過。那修長的臉就是我本人，我很快就發現，那是貼著我照片的護照攤在地上。然後我明白了，有人打開我的包包，我急忙翻找包包。然後再次明白了，錢包，不見了。

是扒手。有人打開我的包包偷拿錢包，不小心把護照弄掉了。雙手一邊發抖，一邊前往一開始的目的地——旅遊資訊中心。向工作人員說明情況之後，和銀行取得聯繫，將信用卡掛失。最後拿到一張市區地圖，並得知警察局的位置。

就這樣，環遊世界的第一個景點就是馬德里的警察局。想要在各自帶著故事等待的西班牙民眾之間找一個位置坐下，無奈和緊張卻製造出一種微妙的情感。咬著手指等待，終於可以說明原委了。

人的潛力會在危急的情況下發揮出來。雖然英文實力很差，但是情急之下，連國中時期學過的句型都召喚出來了。我有條不紊地列出錢包裡的物品，跨國提款卡和各種信用卡，還有一些美金、歐元、韓幣，相機記憶卡，以及為了有朝一日想要展現美麗時，可以派上用場而珍藏在錢包內袋的一對珍珠耳環。最可惜的是，小學同學說因為我要去兩年所以想送我好一點的東西，砸下重金買給我的錢包。

對不起，朋友。那個錢包，我只用了兩天……

從仁川機場的出國事件開始，接著露宿機場、帥氣的護照丟失，一直到錢包被扒走為止……

蹲坐在昏暗的警察局裡，這段期間發生的事件一一浮現腦海，我突然覺得是否該做個破財消災系列的收集小冊。如此與眾不同地打響旅行的第一炮，使我暫時只想走花路[2]。真心不騙。

② 韓國流行語，「只走花路」比喻希望未來一切順利的意思。

我們的聖地牙哥 1

西班牙，聖雅各之路

我現在「獨自」坐在酒吧。沒有帥氣，就我一個人。

調整急促的呼吸，輕撫痠痛的膝窩，回想過去的這幾天。

想要反省人生的時候，可以去拜訪的一條路。一條使人含著眼淚出發、帶著微笑回來的路——聖雅各之路。我決定要去走這條朝聖者之路。

這是背上背包開始環遊世界後，我在第四天做出的一個衝動決定。那些突發事件將旅行的開始點綴得曲折多變之後，我對自己心寒到難以忍受。雖然是環遊世界，而且是預計最長兩年的旅行，但我是否把它想得太安逸了呢？像這樣，問題無時無刻不在發生，這趟旅行真能順利結束嗎？正因為各種自責而感到鬱悶的時候，不知為何，忽然有種必須整頓好身心，然後重新開始的想法。接著它突然浮現在我的腦中，那條自我反省之路的名字。

聖雅各之路，彷彿是唯一能帶給我安慰的燈塔閃光。朝聖者之路，這個名字不帶一絲光芒和香氣。我完全不考慮附帶條件、實行的可能性、機會成本等等，因為這是不受「頭腦」干預的「心」的行動。

現在這趟旅行不就是選擇傾聽內心聲音的人生結果嗎？

我對帥氣提出這個想法。雖然也想過萬一她不答應怎麼辦，但是她果然用力地點頭同意了。我們怎麼會如此契合？真的都是一些毫無對策的人。一輩子要走一次都很難的、許多人準備了好久，才終於懷抱著美夢、虔誠地走上去的那條路，我們竟然像在微波爐裡爆爆米花一樣，隨隨便便就說要前往那裡。就這樣，我們決定前往不在預定行程中的巡禮路。

位於西班牙和法國交界地帶的聖雅各之路，是通往安葬使徒聖雅各遺骸的聖地牙哥-德孔波斯特拉（Santiago de Compostela）的巡禮路。根據不同的出發地，大致可分成七條路線，步行距離短則六百公里，長則超過一千公里。如果要走完整個路途，通常需要一個月左右的時間。不過我們的目的只是要打起精神，所以決定只走最後一段的一百一十公里。儘管只走一段路，過去五年內，僅往返家跟公司之間的破爛體力，還是很令人擔憂。

等到真的要出發的時候，我們才擔心起要背負的背包重量。在前來行走聖雅各之路的朝聖者之間，流傳著一個傳說：每個人背負的行李就是他這輩子的業障。

我們的行李以長期旅人來說，不算很多，但是以朝聖者來說，是超級多。不過，為了這樣的人，目的地聖地牙哥－德孔波斯特拉的郵局，提供了行李最長可保管十五天的服務。多虧這個服務，我們也能減少一些如同雞肋的行李。

一切都準備就緒了，現在要開始好好地修身養性一番。過多的火種點燃了熱情，原本離家出走的「意志」又回來了。為了紀念這件事，出發的前一晚，我們舉杯慶祝。

然後到了期盼已久的第二天，我們……沒得出發。我們去郵局寄送行李的日子是星期六，也就是週末。全世界大部分的郵局，週末都沒有上班……

痛快地放聲大笑。真的很有我們的風格吧？沒錯，我熱情高漲。不然還能怎麼辦呢？接受並享受它囉！用兩瓶啤酒再享受一次前夜祭。

星期一早上，終於來到第一天

現在真的出發了！再也不會有事件、事故了！但是……這、這是？

又一個意想不到的伏兵降臨在我們眼前——門外正在下著雨。真是完美得令人讚嘆。看來人生果然和電影或小說不同，這種該死的細緻是有生命力的。

沒關係，過一陣子就會停了。不過是區區的雨滴就讓我們崩塌了，可見過去這幾天我們屈服得太超過了。精神煥發地披上雨衣，為了領取朝聖者專用護照，我們朝修道院前進。朝聖者要在沿途的教會、餐廳、旅館等地點，將不同的印章蓋在護照上，算是堅持不懈地走到聖地牙哥的一種證明。雖然我對證明沒有什麼欲望，但竟然是每個場所都會幫你蓋上充滿該場所特色的印章！我小時候就很愛收集「你好棒」印章，以及中國餐廳的集點章。這種特殊的收集欲，使我對此產生了興趣。

在修道院領取了朝聖者專用護照，小心翼翼地放進背包裡，啪搭啪搭地邁出一百一十公里的第一步。一開始就看到黃色箭頭，這是替朝聖者指引方向的一種標示。隨處可見的黃色箭頭除了讓人絕對不會迷路之外，似乎也是聖雅各之路的象徵。我對這個可以盲目地行走而不必擔心迷路的設計感到非常滿意。以我趨近於零的空間感知能力、可以爽快出售的方向感和路痴界優等生的身分，這段期間的旅行該有多困難啊？雖然對於只要有指南針和地圖就能走訪各地的活導航帥氣來說，這件事有點微不足道。

雨在不知不覺中停了。正想抬頭望向蔚藍的天空時，聖雅各之路就拿出了禮物般的絕景。陽光從密密麻麻矗立著的樹叢間，呈現扇狀撒落下來。眼前的風景似乎可以立刻原封不動地搬到美術館展示。怎麼會如此美麗？每走一步都讓人發出讚嘆，走著走著，突然覺得漫無目的地盡情享受大自然，以及行走這麼長的時間，是我有生以來第一次。

這條路並不是為了前往目的地的手段，而是它本身就是目的地。凝結的所有風景，感覺到的所有味道，甚至是擦過肌膚的空氣，一點都不馬虎隨便。

我像新手一樣四處張望，每經過一個地方都要在朝聖者專用護照上蓋章，走著走著，一下子就覺得餓了，腳也很痛。我一屁股坐到路面上，然後脫掉襪子，將赤腳放在鞋子上，接著拿出一歐元的吐司，津津有味地咀嚼著。我第一次發現，原來沒塗半點巧克力醬的吐司是如此香甜。

那天我們走了二十一公里，以第一天的成績來說還算不錯。對自己相當寬容的我們，完全不吝於稱讚自己，找到朝聖者的旅館後，便卸下行李在此落腳。

第二天

果然不負眾望地下雨了。

這兩天的雨中行走，我們總共走了四十五．八公里，鞋子和精神，以及我的膝

窩和帥氣的膝蓋，相親相愛地一起報廢了。我們判斷是因為這兩天只有啃吐司，才會這樣精疲力竭，於是我們找了附近的餐廳，替乾枯的胃上點油。急急忙忙地填飽肚子，然後檢查身體的狀態。雖然我的膝窩還勉強可以緩解不適，但帥氣的膝蓋狀態卻不太對勁。這傢伙面有難色地走了一整天，我怎麼可能會不知道。從說要環遊世界並自信滿滿地離開家裡後，至今才沒過幾天，可不能一開始就把身體搞壞了。或許是說要走到最後的欲望如同尖銳的迴力鏢，從後方瞄準著脖子。我說服了說沒關係的帥氣。

最後，我們決定讓帥氣留在這裡休息幾天，等膝蓋治療好了之後，再搭公車過來找我，我要連同帥氣的分，獨自一人走到目的地。雖然有點遺憾，但當時是需要果斷決定的時候。

第三天

我將帥氣的朝聖者標誌「貝殼」掛到我的背包上，然後出發了。雖然留下她一個人心裡有點過意不去，但儘管只有我，我也要連同帥氣的分，堅定地走完全程。

到達與帥氣相見的終點之前，還必須要走五十二公里。雖然我們約好三天後見面，但是丟下身體不適的她，讓她一個人待著，我的內心很不好受，所以我打算加快腳步，盡量在兩天後就抵達終點。我將感傷化到最小，竭盡全力地走快一點、走多一點。連飢餓都感受不到，用一塊被雨淋溼的巧克力，補充時不時就下降的糖分，執著地走了又走。

「回顧人生之路」這句話好像真的沒說錯？一個人默默地走著，便發現過去那些日子以環景圖的方式在腦海中播放。

經過在大風大浪中光是守護靈魂也很吃力的十幾歲之後，緊接著是以至少不要給別人帶來麻煩的想法度過的二十幾歲。然後現在三十歲了。

希望三十幾歲的時候，我和身邊的人都能過上更好的生活，即使只有一點點也好。希望四十歲以後，我可以成為對沒走過的路、沒見過的人帶來正向影響的人。

這一天的步行距離是二十五．七公里。距離目的地還剩下二十六公里。好不容易找到可以連上網路的地方，我帶著充實滿足的心，傳訊息給只能像木乃伊一樣躺著的帥氣。

膝蓋怎麼樣了？我很認真走路，所以走得比預定的還多。總而言之，我明天就會到達終點了，你再搭公車過來吧。千萬不要勉強喔。

第四天

大約走了八個小時後，我看到了聖地牙哥－德孔波斯特拉的告示牌。正使出吃奶的力量準備走到最後時，我聽到有人在呼喚我。是昨天在旅館相遇後變得親近的朝聖者們。由於大家都是走相同的路，所以又相遇了。他們說很高興能再次相遇，問我要不要一起去喝杯啤酒，我比手畫腳地拒絕了他們的邀約。

因為帥氣還在等我，所以我要趕快過去才行。但是我又沒辦法隨便拋下執意搭上肩膀並且走進酒吧的他們。既然已經變成這樣了，由於帥氣會先抵達，所以我得先打聽好住宿的地方在哪裡，我拿出手機，就在手機連上酒吧 Wi-Fi 的那一瞬間……手機畫面立刻跳出帥氣傳來的訊息。

她……現在……在說什麼啊？明明就是韓文，卻令人難以理解，我將這些難以置信的句子讀過一遍又一遍。然後對著酒吧老闆大喊：「請再給我一杯啤酒！」

我們的聖地牙哥2

西班牙，聖雅各之路

一起出發旅行之後的第十天，我們決定要分開。看著我的貝殼搖搖晃晃地掛在偽善的背包上，眼淚就不由自主地流了出來。本來就已經下著很大的雨了，現在還要送她一個人去步行，心裡實在不好受。那傢伙要留下身體不舒服的我離開，她內心應該也很難受。我強忍住眼淚，並用講個沒完的嘮叨來代替眼淚。

剩下的五十二公里千萬不要逞強，慢慢地走。要按時吃飯和營養劑。每次到達旅館的時候，都要傳訊息。遇到煩人的陌生人，就露出凶狠的臉給他看……

送走偽善之後，我看到床上放著兩天份的糧食。除了走去廁所之外，我被禁止進行所有需要走路的活動，這些是她買來放著的麵包、香腸、香蕉、洋芋片、果汁和水等等。儘管走到廚房只有短短的距離，也避免讓我走進走出；儘管只有幾餐要吃，也盡量讓我不會吃膩，我感受到她用心良苦的痕跡。

打開筆電，正式展開自我監禁的生活。我一邊啃著塗上巧克力的麵包，一邊看著儲存在筆電裡的電子書——柏納．韋柏（Bernard Werber）的《螞蟻》（Les Fourmis）。並不是因為想讀才讀的，是因為除此之外沒別的事可做才讀的，所以一下子就覺得煩膩了。寂寞就像兵蟻引領牠的同伴來到我的床上那樣，令人發癢難耐，於是我開始想東想西。

「嘖，我也想走路到聖地牙哥。沒錯，我是不懂得放棄且具有骨氣的人！」

「旅行才剛開始，未來還有很長的路要走，現在把身體養好才是對的。是啊，我是知道何時該放棄的人！」

思想的莫比烏斯環如同窗外交岔路上流動的車子，轉了一圈又一圈。我一下面帶微笑，一下神情嚴肅，一下發呆失神，對面床的西班牙人帶著懷疑的眼神看著我。抱歉，我的精神不太正常。

我收到偽善的訊息，她說為了獨自承受痛苦的我，無論如何都要在兩天內抵達終點。我忽然擔心起獨自行走的她。從那以後我一直看著手機，即使我知道她正走在連做夢都夢不到 Wi-Fi 的山路上，所以她暫時不會跟我聯絡。

和偽善分開的第二天

我一大早就開始收拾行李，今天是搭公車前往約定地點和偽善相見的日子。躺在床上什麼事都沒做，膝蓋似乎已經好很多了。

確認公車站的方向之後，我一跛一跛地走了好一陣子，卻沒有看到周圍有類似公車站的東西。只有一片寧靜及祥和。我比手畫腳地詢問路人前往聖地牙哥的公車站在哪裡，他也只回答說我走的路是對的。我歪著頭再走一段路，這次是朝聖者路標的黃色箭頭出現在我眼前，彷彿在對我說：「到這裡來吧。」

怎麼辦？走？還是不走？我瘋了嗎？走過去？不，我為了搭公車走到這裡，這條路卻突然像這樣出現在眼前，難道是要我走過去的意思嗎？

正當我的想法變得越來越複雜的時候，旁邊的教堂裡有一位青年對我大喊，他說可以幫我在朝聖者護照上蓋章，揮著手叫我過去蓋完章再走。

沒錯，事情發展到這種程度，一定就是叫我走路的信號。所有的情況都是這麼說的。先走吧，一邊吃止痛藥一邊走吧。如果真的不行的話，到時候再搭公車就好了。偽善，等等我。我來了！

就這樣，我決定再次朝聖地牙哥走去。甚至還到附近的餐廳連 Wi-Fi，然後傳訊息給偽善，接下來就真的是專心走路的時刻了。

再次踏上曾經想要放棄的聖雅各之路，這股激動之情讓所有的事物都變得珍貴起來。路邊盛開的花之香氣，下雨時的樹林之聲，偶爾相遇的路人們的微笑。

但是感性並沒有維持太久。本來計畫將剩下的五十公里分成一天走二十五公里，然後戲劇性地和偽善相見，但是實際情況卻不同於計畫，從剩下三十公里開始，膝蓋的狀態就變得很奇怪。於是我下定決心，一定要在下一個出現的旅館休息，但是從這一刻開始，就再也沒出現任何一間旅館。時機，一直以來都是時機最重要。拖著雙腿又再多走了四公里，好不容易才抵達旅館，卻傳來一個晴天霹靂的消息。已經客滿了，連一點小小的空間也騰不出來。

天色已經開始變黑，這個時間憑這雙腿還能走去哪？然而，現在連把時間用來傷心、失望都是一種奢侈。比起腳的疼痛，我憑藉必須找到旅館的決心繼續走下去。最後是又哭又叫地走，甚至還跳著走，好不容易在剩下二十公里的時候，才終於讓身體躺平在旅館了。我的天呀，我竟然以疼痛的膝蓋走了三十公里……人類真的有夠偉大。

和偽善分開的第三天

腳步只能往前移動。將止痛藥當成巧克力嘎吱嘎吱地咀嚼著，既小心又快速地行走。照理說，有上坡就會有下坡才對，但是最後一段路走起來，彷彿聖地牙哥是在空中似的，只有永無止境的上坡。以為要出現下坡的瞬間，又再次出現上坡，最後一階段實在有夠嗆的。然後，終於……我看到遠方寫著大大的「聖地牙哥－德孔波斯特拉」字樣。

終究還是做到了。我得趕快跟偽善分享這個喜悅。因為不知道她在哪裡，所以我必須先進到村莊的某處，連上 Wi-Fi 才行。

但是……嗯？等等。那個眼熟的粉紅色外套是什麼？看起來像是攀登完清溪山之後，不久前才剛用大碗呼嚕呼嚕地喝下馬格利酒的短髮女性是……？

是偽善！

就在我抵達村莊的同一時間，我和在村莊入口閒晃的她激動萬分地相逢了。我們擁抱並問候彼此。這傢伙和我竟然會抱在一起！儘管我們認識超過十年，也從來沒有做過這種事。偽善接過我背上的包包，並且關心起我的膝蓋，由於我這兩天幾乎是等同在進行無言的修行，因此我從牢騷開始，像暴風一樣將心聲全都傾吐出來。雖然還剩下前往聖地牙哥－德孔波斯特拉大教堂進行朝聖者認證的程序，但是教堂算什麼？今天一定要將這些全部拋諸腦後，好好慰勞一下受苦的自己。

下一個目的地是，超級市場。

大於一歐元的幸福

葡萄牙，里斯本

已經出國三個星期了。我再也無法忍受了。一個叫做「餿味」的傢伙，正在悄悄地占領我的腳。還出現螞蟻在我的腳背上依序前進的幻覺。

問題出在我們出國旅行之前，煞費苦心挑選的那雙涼鞋上，換句話說，問題就出在沒有攜帶拖鞋的我們的愚蠢無知上。

結束積極地什麼都沒做的具有建設性的一天，回到旅館便自我安慰說：「今天也度過了美好的一天。」然後清洗身體的每個角落。由於不可能住在有獨立衛浴的房間，所以當然是去共用浴室洗澡。然而我們的鞋子就只有跋涉健行鞋及運動涼鞋，因此，如果不想赤腳走去浴室的話，答案永遠只有運動涼鞋。

問題就出在這雙鞋上。穿著涼鞋洗澡，厚厚的涼鞋鞋帶就會溼掉。這種程度還覺得沒關係，把它拿在空中用力地轉個三四圈，然後整整齊齊地晾在床邊，目前為止都沒什麼問題，直到第二天看見疑似晾乾不到四成的涼鞋鞋帶之前。「穿著走動，一下子就乾了」，於是就依照這種樂觀的思想，好幾天都毫不猶豫地把腳伸進涼鞋裡。大概就如古人所說的「聚沙成塔」吧？好幾層沒乾的織物互相摩擦，產生的臭酸抹布香氣逐漸累積，並且開始展現它的雄姿。

偽善的情況也沒好到哪裡去。雖然她的涼鞋跟我的不一樣，鞋帶比較薄所以很容易乾，但是要脫鞋的時候，就必須拉開鞋帶扣環。所以洗完澡之後，她總是把腳隨便往涼鞋一套，然後以殭屍的腳步拖著鞋子走。因此，我們非常需要不同於涼鞋、在拇指和食指之間插上繩帶就能穿，穿脫方便的橡膠拖鞋。

儘管我們總是異口同聲地說：「這種小東西，我們立刻去買吧！」但是每次都因為一雙鞋的價格輕而易舉就超過十五歐元，迫使我們將錢包封印起來並轉身離去。雖然不方便和不舒服已經很久了，但是我們不能才剛開始旅行，就把錢花在奢侈品上（第一次感到不便的時候，還將拖鞋認定為奢侈品）。

其實我們知道只要存幾天喝酒的錢，就有足夠的錢去買鞋。然而，鞋子的不便完全沒有對喝酒的快樂造成威脅，所以根本不需要放棄喝酒。最重要的是，在韓國只要花兩千韓元就能買到的東西，竟然要用十倍的價錢購買，這種感覺非常差。而且這麼做也很像是用錢來交換未能事先做好準備的愚昧，讓我覺得平凡的自尊心受到傷害。

用無謂的骨氣撐了三個星期，實在忍無可忍了。我下定決心，不管是貴還是什麼，我都要買，這時候，剛好得知里斯本正在舉辦跳蚤市場的高級情報，名字就叫做「盜賊市場」。據說也會有盜賊來這裡販賣贓物，所以才會得到這樣的別稱。販賣物品從家裡使用過的毛毯到手工磁磚都有，種類多到難以計數，因此，這應該就是要我們去尋找廉價拖鞋的啟示。一抵達廣場，就立刻用鷹眼掃視整個市場。

從誰會想花錢買的沒有頭髮的洋娃娃，到彷彿只要掛上耳朵就能帶來原本沒有的美貌的高級手工耳環；不知道是被誰拉著才勉為其難出門的大叔，還有頭上戴著用花朵裝飾的帽子、精心打扮的淑女們。不僅是販賣的東西，連販賣東西的人也相當多元。

我拿出年輕時嘗試在每件五千韓元並且堆得像山一樣的衣服堆中，釣出如同寶物的衣服的實力，仔細翻找散落在地上的物品，找了三十幾分鐘。終於找到流露窮酸樣的拖鞋，腳掌的凹痕非常明顯，明顯到即使說不久前還有人穿著，只是暫時脫下來放在這裡，也會有人相信的程度，不過我覺得沒關係。因為它只要一歐元。雖然它一副不起眼的破舊模樣，我還是怕被別人先買走，急忙付錢買下。它成為我的東西了。

現在該來找找偽善的東西了。快馬加鞭地搜尋了十幾分鐘，總算發現看起來很輕巧的拖鞋。並不是因為它的設計輕巧，是因為它的鞋底薄得像張紙。果不其然，一穿上去，腳底就能感覺到凹凸不平的石板路面。只能想成是健康的指壓按摩囉。用發音不清楚的葡萄牙語對著大喊兩歐元的大叔賣家撒嬌，然後殺價到一歐元成交。

「終於買了！而且這雙也是一歐元！」

把破舊的鞋抱在胸前，心情真的變得很

好。那麼，現在該去洋酒專賣店了吧？我們的消費習慣向來都是將省下來的錢，毫不吝惜地拿去買當地的酒來喝。我們將當地最有名的綠酒（Vinho Verde）帶回旅館，毫不猶豫地打開瓶蓋。說兩歐元的拖鞋很貴，硬要殺價成一歐元才肯買，七歐元的酒錢卻毫不猶豫地從錢包裡拿出來。雖然我們總是如此，還是笑了出來。不過，仔細想想，其實已經好久沒有因為小錢而感到開心了。

青澀的大學時期，由於學費貴得嚇人，所以即使拼命打工，賺來的錢依然比不上累積的債務。雖然很想買個什麼東西，但我只有連十元都不能隨便花的口袋。與偽善展開首腦級會議，就算只是挑選到一千韓元的指甲油、五百韓元的超大型橡皮擦，也讓人感覺無比開心。

成為以債務取代書包的社會新鮮人之後，雖然還是很貧窮，卻嘗到了每過一年就能減少一些債務的樂趣。經過五年的社會生活，正好將助學貸款全部清償，收入也稍微提升了一點，卻感覺到小小快樂的餘暇減少了。

然後在不知不覺間，開始用消費來緩解賺錢的壓力。把錢花在毫無理由就開喝的酒錢上，購買非必要的化妝品……期望藉此讓心情變好，但回家的路上總是感到空虛和寂寞。用錢只能買到剎那的快樂。離開之後，我才清楚地看見這個事實。

用民宿廚房的廉價玻璃杯裝滿葡萄酒，然後舉杯祝賀。舌頭先感覺到甜味，接著在喉嚨爆發出綠酒的清涼感，非常適合雖然平凡但是又很特別的今天。

我很享受一歐元的拖鞋比名牌鞋更加珍貴的這個瞬間。我喜歡自己在小小的喜悅之前，大方不吝嗇的模樣。雖然旅費不是很充裕，但是在奢侈與節約之間煩惱的現在，我感到很幸福。注視著剩下的酒及掛在腳趾上的拖鞋，我覺得今天也隨心所欲地度過了美好的一天。

擅長的人，不擅長的人

摩洛哥，馬拉喀什

偶爾會有這樣的一天。跟平常不一樣，什麼都想要嘗試看看，彷彿什麼事都可以做到的自信全都融合在一起的一天。不管是早上鬧鐘還沒響就睜開眼睛，離上班時間還有很長一段時間；或是隨手抓來穿的T恤和牛仔褲顏色很搭；或是一抵達公車站，公車就停到我面前；還是一搭上公車就有受陽光照射的位子空出來，總之就是這樣的日子。

今天的原因是什麼呢？到底是有什麼令人開心的好事，會讓自信降臨在偽善身上呢？在前往預約撒哈拉沙漠之旅的路上，偽善一邊拿著地圖一邊露出燦爛笑容的模樣，令我感到非常不安。

每個人都會有強項和弱點。如果有只要稍微用點心就能輕易完成的領域，也會有不管比別人多努力幾倍，還是無法輕易追趕上的部分。

偽善的弱點就是空間感知能力。不，弱點還不足以形容這件事。似乎是造物主在創造偽善的大腦時，不小心打了一個噴嚏。因為掌管她空間感知的部分，絕對是徹底崩塌了。她的世界好像不是由空間所組成，而是由線或面所組成。當你抵達寬廣的約定地點附近，只要問對方在哪裡，就會回答你「現在有一輛紅色腳踏車從我旁邊騎過去」的人。酒喝到一半去廁所，然後在建築物裡面迷路的人。同一條路，只要分別在晚上跟白天走過，就會記成完全不同條路的人。這個人就是偽善。

我竟然和這種傢伙一起環遊世界，竟然和偶爾會在從十歲就住到現在的村子裡迷路的傢伙一起來。旅館、公車站、銀行等等，要去的地方多到爆炸，即使在路上徘徊了好一陣子，她本人總是笑得非常燦爛地說：「因為是走在新的道路上，所以完全不會感到厭煩耶。」哈！我又不能丟下這傢伙自己走掉，真是的。

如果沒有我的話，她會不會在仁川機場徘徊一段時間後就直接回家去了呢？不，她回得了家嗎？當然，找路已經成為我的分內事很久了。

這樣的偽善今天居然自己站出來說要帶路。她說因為不擅長就乾脆不做了，結果好像更退化了。她說她討厭漸漸變得依賴別人的自己，接著大聲地說：「相信我，交給我吧。」雖然我打從心裡不相信，但是當這傢伙熱情高漲到這種程度時，誰也阻止不了她。她手裡拿著具有地圖及指南針功能的手機，眼睛睜得大大的，一副做好心理準備的模樣。我腦中突然浮現之前看到的育兒專家說的一句話。

「這時候，只有相信她並交給她，才能幫助她培養自尊感。」

帶著培育「她」的心情，我刻意把目光避開地圖，安靜地跟在自信滿滿地打開旅館大門的偽善後面。看著偽善將跟電影海報一樣大的地圖鋪在被烈日曬到乾裂的馬路上，接著將地圖又摺、又轉、又翻，我想這會不會就是看著孩子邁出第一步的心情呢？雖然不斷地冒出幫助她的心情，但是我使勁地把這種心情壓下去，並且叫她放輕鬆，同時給她一個寬容的微笑。不知道她有沒有聽到我說的話。她為了活化指南針的功能，正忙著將手機到處轉啊轉的，轉到我不禁開始擔心她會不會因此得到腕隧道症候群。她就這樣重複著毫無意義的左轉、右轉、U形迴轉，不知道重複了多少次。大概是不行了，她乾脆把地圖鋪開在地上，然後一屁股坐下去。

雖然她很不熟練，我仍希望她能慢慢來，然後順利地找到路，於是我假裝若無其事地跟在她後面。但是漸漸地，比起觀看地圖的次數，她偷瞄我臉色的次數反而變多了。旅館老闆聽到我們要去預約沙漠之旅，便幫我們在地圖上畫圈，他說這個地方有許多值得一看的東西，既然都要出去了，就順便到處參觀，好好地玩一玩再回來。然而，我們走的路是一條不見人影的小巷弄。別說是有預約沙漠之旅的旅館的繁華街道，根本走到哪就只有馬拉喀什的巷弄。

「難道我們迷路了嗎？」雖然懷疑的開端很微弱，但是終端卻變成了龐大的確定。我們迷路了。

這也是一種旅行呀，於是我把內心淨空。反正也沒有約好幾點之前要去預約，今天預約不了，明天再預約就好了。我只不過是把心境轉換成「我們並不是迷路，而是正在馬拉喀什旅行」而已，卻突然覺得好悠閒。

我在巷弄的每個角落拍照，還坐在長椅上觀看其他人。跟這樣的我不同，曾經誇下海口的偽善，肩膀搖搖晃晃的，正因為不知道該往何處而驚慌失措。可憐的傢伙，都跟她說沒關係了還這樣。就這樣逛一逛巷弄吧。原本一邊說大話一邊走的傢伙，以垂頭喪氣的模樣再次拿出手機的指南針，接著又開始轉啊轉的，由此看來，她大概是覺得說出今天只需要跟著她走，一副自信滿滿的樣子非常丟臉吧。

我不能再袖手旁觀了。為了幫助礙於自尊心而無法說出要放棄的她，我決定挺身站出來。我硬把那張她叫我絕對不能看的地圖搶過來，她也假裝搶不贏的樣子，

默默地遞給我。

找路的達人，金帥氣登場了，馬上就能預約沙哈拉沙漠之旅了。希望湧了出來，不過，這是怎麼回事？打從一開始就沒有看地圖半眼，又已經徘徊了一段時間，完全無法得知現在位置的座標。向稀有的行人詢問，問了老半天，好不容易才認出現在位置的座標，可是，這裡到底是哪裡啊？俗話說：「肉也是要吃過肉的人才知道好吃。」原來迷路也是要迷過路的傢伙才能爽快地迷路。

知道我們在哪裡後，邊看地圖邊找路，就跟躺下睡覺一樣簡單。我們在找的路，馬上就出現了。但這是出門兩個小時之後的事了，將馬拉喀什這個小城鎮繞一圈都還綽綽有餘的時間。我忍不住苦笑了一聲。

前去預約撒哈拉沙漠之旅的道路，正當我笑著說我成功做到了的時候，我看見遠處有一個大廣場。這瞬間……嗯？喔？

偽善的臉皺成一團。因為那裡是我們每天都會經過的廣場。從徘徊的地方開始，為了找路而只顧著看地圖的我，也是這個時候才注意到這件事。廣場就位於和旅館直線距離不到一公里的地方。即使把彎彎曲曲的巷弄都考量進去，不管再怎麼抓鬆來算，大概也才一．五公里而已吧？在這短短的距離內能徘徊這麼久也是不簡單。我看著製造出這個令人哭笑不得的事件的今日主角。她本人燦爛的自信正在地上滾來滾去，發覺那些奮戰全是白白受苦的她，正忙著感到丟臉與愧疚。我說出了一句從她不停將地圖又翻又摺，表現出怪異的行為時，就一直忍住沒說的話。

「以後就讓擅長的人做他擅長的事吧。」

因為是擅長的人說的話，不擅長的人就只能尷尬地笑了。

給還是不給

摩洛哥，撒哈拉沙漠

「這個旅程真他媽有夠爛。」

我坐在櫛比鱗次地陳列著五顏六色毛毯的店鋪裡思考。店員不斷地將毛毯攤開，慫恿顧客購買。「最優良的品質、最優惠的價錢」，同一句話已經重複第十三次了。沒看到我眉間深不見底的大山谷嗎？還是明明看見了，卻視若無睹？我是為了減輕肩膀上的重量，連內褲都只帶兩條的背包客，現在竟然叫我買毛毯？那條像電線桿一樣大的毛毯？甚至還不能把它煮成湯來喝？真的有夠傻眼。

當初撒哈拉沙漠並沒有在我們的計畫裡面。就沙漠而言，我認為十年前印度之旅的重頭戲庫里沙漠就已經很足夠了。但是旅館老闆卻把不去撒哈拉沙漠的我們當成異類。即使他看到外星人，也絕對不會出現這種等級的眼神。那個地方真的有那麼棒嗎？要去看看嗎？隨興的選擇和神速的決定，憨厚耿直的推動力已經發射了。於是我們申請了隔天立即出發的三天兩夜撒哈拉沙漠套裝行程。

雖然旅遊行程無法依照我的喜好來做選擇，但是為了讓沒有車的我們進入沙漠，這也是沒有辦法的事。然而，沒有特別擔憂什麼並且豪邁地出發的我們，在出發約兩個小時後，便開始擔心起未來的兩天。寒冷的感覺貫穿了背脊。

「啊……完蛋了。」

套裝行程的毀滅要素，全都凝聚在一起了，一個都沒少。把我們帶到一個完全不知道為什麼要來的地方，做出招攬生意的行為；在毫無選擇權的昂貴餐廳，吃了難吃到不行的餐點。不僅如此，一整天都必須擠在只能看見窗外相同景色掠過，相當狹窄不便的迷你小巴裡。就這樣奔馳了足足九個小時之後，此時此刻，竟然來到這裡，這個莫名其妙的毛毯店。

即使把沙漠所有沙粒集合在一起，似乎還是沒有我現在的煩躁多。正當我冒出這樣的想法時，終於可以騎駱駝了。雖然已經精疲力竭了，但無論如何都要讓自己高興起來。不過，撒哈拉沙漠比想像中的還要無趣，因為是陰天的關係，連在天空中找到星星都很難。

但是還能怎麼辦呢？木已成舟，不可能回頭了。努力地將時不時就冒出來的失望掩蓋住，終於到了旅程的最後一天。這天的行程是，從凌晨開始，一邊騎著駱駝橫越沙漠一邊觀看日出。因為必須在太陽升起之前出發，所以從漆黑昏暗的凌晨開始，眼皮都還睜不開，就得「嘿咻」一聲，奮力地騎到分配好的駱駝上。

可是不知道怎麼回事，導遊遲遲不上路。可能是出了什麼問題，那邊有四五個人正在嚴肅地交談著。吵鬧的聲音越來越大聲，由此可見，一定是發生了什麼事。

用卓越的察言觀色能力彌補不足的英聽能力，藉此掌握到的情況大致是這樣子。旅行團的團員中，有兩位年紀較大的老人因為體力已經到達極限，所以決定不騎駱駝，要改搭吉普車，舒舒服服地過去。所以會有兩隻駱駝被送回出發地，但是不知道中間哪裡溝通不良，有四隻駱駝被送回去了。因此，就結論來說，現在的情況就是少了兩隻駱駝。

因為這個緣故，來自巴西的情侶無法騎到駱駝，正眉頭深鎖地站在那裡。昨天的沙漠騎行中，他們就在我們的後方。我還記得他們整路都在吵架。好像是因為男朋友忘記替相機電池充電。因此，他們兩個昨天在沙漠一張照片都沒有拍到。滿懷期待的旅行，想拍下人生最棒的照片並上傳到社群網站，將兩人堅固的感情展現給全天下的人看，同時接受按「讚」和按「愛心」的洗禮……無論如何都想解決事情的男朋友，昨天一整晚都在跟旅行團的團員借電池。

然而，這是什麼命運乖舛的玩笑嗎？這對情侶的駱駝竟然一夜之間消失了。他們兩個用無法接受的表情向導遊表示強烈抗議，但是事到如今，誰也召不回已經離開的駱駝。持續關注情況的團員之間，瀰漫著微妙的緊張感。無聲的話語浮現在沉重的沉默之中，「雖然我不想讓步，但是不管是誰都好，我希望有人可以讓步」的這種心聲。這段期間，藍色的晨光不知不覺已將漆黑的昏暗推開，正迅速地奔跑過來，彷彿在說：「如果不趕快移動的話，就要錯過日出了。」

我苦惱了一下，然後看向另一邊的帥氣。果然不出我所料，她也正在看著我。這裡沒有人聽得懂韓語，其實也可以用講的，但是嵌滿緊張感的沉默，具有使人用眼睛代替嘴巴說話的力量。經過幾次意味深長的眼神交流之後，我們同時從駱駝上下來。我們既不是生平第一次騎駱駝，也不是第一次到沙漠，更不是昨天一張照片都沒有拍到。還有，其他事情暫且不說，我們又不是「戀人」，不是嗎？我們並沒有比哭喪著臉的青春情侶更加迫切的理由。

當我站在「給還是不給」的分岔路口時，就是遵守自己的狗屎哲學「過著樂善好施的生活」的最佳機會。

此後大約過了一個小時，濃烈的後悔襲捲而來。

我們還是無法離開營區。講得稍微誇張一點，就是太陽已經升到天空的正中央了！不管怎麼等，吉普車的司機就是不出現。再三詢問營區主人這是怎麼回事，也只得到司機正在睡覺的回答。

我的天啊。不禁發出一聲苦笑。喂喂喂？我是說要把駱駝讓出來，可沒說連日出都要讓出來呀！這兩班③貴族真的是……即使如此，也不能隨便跑進帳篷裡，把不認識的男人搖醒啊。在空蕩蕩的沙漠裡，心心念念地等待著不起床的司機，噁心的感覺已經湧到嘴邊。白白退讓了嗎？早知道就不讓了。這就是為什麼人不能做平常不會做的事情。

不知道過了多久。吉普車司機終於醒了。現在真的要出發了！他可能是內心覺得歉疚，所以叫我們爬到車頂上，說要幫我們照一張帥氣的照片。雖然覺得很無言，但在這團混亂之中，樂觀的齒輪又開始運作了。我決定停止抱怨並享受當下。

那我們就來玩玩看吧？爬上高聳的吉普車車頂，開始拍攝一些俗氣的照片，快樂逐漸取代不悅。玩了一陣子的模特兒遊戲之後，心想著就到此為止吧，正準備要從吉普車車頂下去的瞬間……

咦咦？快看看這男人！我們都還沒落地，他就已經發動引擎，準備要出發了？由於內心一陣慌亂，連大叫都還來不及，就本能地抓住把手，他笑著說：「抓緊囉！」這句話伴隨著笑聲迴盪在窗外，車子開始在沙漠中奔馳。

哦哦哦哦哦哦哦！搞什麼鬼呀！

無意間搭上的吉普車，好刺激喔。出乎意料之外，撒哈拉沙漠瞬間變成遊樂園了。這種在沙漠中搭雲霄飛車的感覺，讓人渾身起雞皮疙瘩。

哇啊！這是怎樣？好玩得不得了耶？

盡情地享受充滿全身的腎上腺素，大聲叫喊到破嗓，接著看見前方的駱駝隊伍。天啊，我們竟然在短短十分鐘之內就追上好久以前出發的人們？

不曉得什麼緣故，好久不見的一行人，他們全都哭喪著臉。吉普車暢快地疾駛過那些因為長時間騎乘駱駝而感到疲憊的臉龐。只有那對巴西情侶朝著漸漸遠去的我們再次大聲呼喊，並用力地揮著手。旅程結束之後，團員們全都吵著要我們說搭

③兩班（양반）是古代朝鮮貴族階級，統治者與學者。

乘雲霄飛車的感想給他們聽。他們異口同聲地說看起來非常開心，令人很羨慕。還說所有的旅遊行程中，看日出的騎駱駝時間最累人、最費力。

人果然還是要有一顆善良的心！

我們似乎已經將早上的後悔和不耐煩忘得一乾二淨了，搖動著飛上天的肩膀，開始得意忘形起來。

具有兩種面貌的都市

古巴，千里達

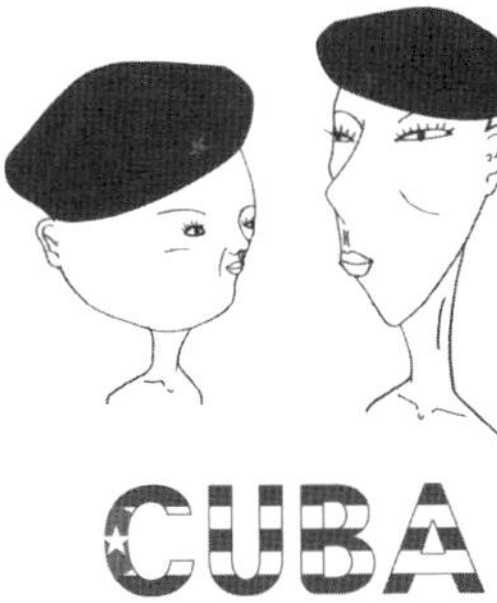

在陌生之地經歷的第一個經驗，會左右你對該地的印象，這也是無可奈何的事。不管是住到一間會端上熱茶作為歡迎的旅館，還是遇到目的地分明就在前方，卻東拐西彎故意繞路的計程車司機，這些都很容易會在初次到此旅行的遊客心中留下難以翻轉的印象。

難道是因為抵達騷莎舞（Salsa）的城市，所以我的腸胃開始隨著飢餓起舞？一走進萬中選一的餐廳，就看到鋪得整整齊齊的白色餐桌布上，有一堆蒼蠅在來回走動，猶如隨便亂吐的西瓜籽。沒關係，如果食物便宜又好吃的話，這樣不是比較親切嗎？打開菜單一看。唉唷喂呀，以歪歪扭扭的手寫字寫成的價格，遠遠超出預期。但是，我們已經對帶著開朗笑容前來招呼我們的老爺爺、老奶奶，也就是餐廳老闆懷有正面的先入之見了。

「看來是找到隱藏民間的高手了。很好。雖然不便宜，如果味道很棒的話，仍然會是令人開心支付的價格。」

我們連昂貴的價格都拋諸腦後，爽快地將每種古巴家常菜都點了一份。

這時，有一名原本在外面猶豫不決的旅人走了進來，並且找了一個位子坐下，接著是兩名當地人進來坐下。其中看起來像旅人的人向我們搭話。

他說他的名字叫做「豪」，來自中國。正當我們跟他東聊西聊的時候，上菜了。然後我們停止談話，不，連呼吸都停止了。肚子餓到極限的我就不用說了，連對食物不是很講究的偽善都露出失望的神情。鬆散的紅豆飯、跟紙一樣薄的肉片、煮得鬆鬆軟軟的木薯，以及枯萎的高麗菜，各自以不合適的比例放在一起。

「沒了？菜都上完了？可以如此簡陋嗎？這麼多的飯，您覺得這點配菜夠吃嗎？難道要把肉掛在天花板上，每挖一匙飯就一邊看一邊吃嗎？」

感覺背後被捅了一刀，我眨眨眼睛，並且和偽善竊竊私語。目前為止，還沒有在古巴的任何一個城市看過這樣的價格跟品質。儘管如此，我還是認為它應該會很好吃。那寬厚的期待沒多久便毫不留情地破滅了。彷彿一聲小小的嘆息也會使它們紛紛飛揚起來的米飯，在嘴裡粗魯地奔來跑去；鹽加太多的肉，硬到牙齒咬不動。是啊，人的相貌跟烹飪實力是不成比例的。是我自己戴上便宜又好吃的濾鏡，怨不得別人。

或許是同時吃了難吃的食物，因此產生同病相憐的感情，我們和豪瞬間親近起來。互相抱怨眼前的食物，分享在古巴旅行的故事，還約好在這裡的觀光聖地騷莎舞俱樂部「音樂之家」（Casa de la Musica）見面，我們邊聊邊把盤子上的食物清空。雖然這一餐並不是「吃飯」，而是「果腹」，不過這種日子也不是常常有吧？

然而真正的問題不在於此。付飯錢的時候，我遞了幾張外國人專用貨幣CUC給老爺爺，也就是餐廳老闆。

古巴有兩種不同的貨幣，依照外國人和本國人，分別使用各自的貨幣「CUC」和「CUP」。雖然並不是外國人就不能使用本國人的貨幣，但是有很多地方的入場費或物品價格，外國人和本國人對應的價錢不一樣。

一般來說，如果是用CUC支付，對方就會用CUC找零，但是老爺爺可能是零錢不夠，因此他用CUP找零給我。走出餐廳時，我下意識地數了數錢，發現他少找錢。就在我開口對老爺爺說他似乎是算錯了，要再多找一些錢給我的瞬間，不曾預料到的第二次背後捅刀已經捅了過來。

原本慈祥笑著的老爺爺，眼神頓時變得像冰塊一樣冷酷，原本溫柔和善地對著我們說話的老奶奶，聲音也變得尖銳高亢。翻臉比翻書還快。即使聽不太懂，但是稍微觀察一下她的神情，她好像是說不可能會算錯，叫我們趕快出去。雖然被他們兩個突然發怒的態度嚇了一大跳，但我也沒在怕的，我拿出計算機，慢慢地按出數字，把應該要找的CUC金額乘上CUP的匯率，告訴他們確實是他少找錢。

然而，老爺爺氣沖沖地把計算機搶過去，用力地按著計算機，像是要把按鈕壓碎一樣，接著把計算機湊到我眼前。他的計算方式跟我一模一樣，除了匯率以外。在古巴，長期以來都固定使用「一CUC等於二十四至二十五CUP」的匯率來換算，可是他卻用「一CUC等於十八CUP」來換算。他們真的是當初親切地對著我們笑的人嗎？

少找的錢換算成韓元其實也才一千八百多韓元，並沒有很多。這點錢沒拿到也沒什麼關係。雖然作為飯錢是有點太過分，但只要當作是付點小費就行了。不過，老爺爺的態度實在是太惡劣了，所以我無法就此轉身離開。在這個許多觀光客來來去去的城市裡做生意，不可能會不知道CUC和CUP的換算匯率。難吃的食物可能不是故意的，可是這件事分明就是蓄意詐欺。

我將所有會的英文、西班牙文混在一起來說明匯率。剛剛成為朋友的豪也沒有離開餐廳，並且從旁協助我們。儘管如此，老爺爺還是堅持使用錯誤的匯率，不願更改。由於他強硬的氣勢，連在一旁用餐的當地人都站出來幫我們說話。即使他們表示自己是這個村子的計程車司機，說明匯率確實是二十四沒錯，老爺爺仍然沒有讓步的意思。人情立刻往下墜落，並在相同的位置生出了骨氣。

其他遊客可能會認為沒多少錢而就此放棄，但是我們絕對不會退讓。你看錯人了。如果你不把錢還來的話，我們絕對不會離開這家餐廳！

豪以及幫我們說話的計程車司機，似乎全都抱持著相同的想法，絲毫沒有要退讓的意思。由兩名韓國人、一名中國人、四名古巴人各自的語言混雜而成的叫喊聲，還有計算機的數字到處穿梭。這段期間，有多少遊客的錢就像這樣被詐取走了呢？就算是為了下一個來到這裡的遊客，我們也絕對不能讓他就此蒙混過關，鬥志猶如熊熊烈火燃燒了起來。最後，老爺爺放棄了。

明明是收回應該拿到的錢，但我老覺得不對勁。他有必要做到這種地步嗎？其中一個幫助我們的計程車司機把餐廳的祕密告訴我們。他說遊客和當地人看到的價錢是不一樣的。我們看到的菜單是外國人專用菜單，上面寫的價錢比當地人使用的菜單貴約七到八倍。難怪那個菜單要從深處拿出來。

我們和有事情要辦的豪約好晚上再相見之後便向他道別，接著繼續和幫助我們的計程車司機交談。我覺得他站在那裡，以粉紅色牆壁為背景，樣子看起來非常協調，我正要按下相機快門時，他笑著說要和偽善合照。

就這樣展開了第三次的背後捅刀。拍了幾張照片之後，他突然把手放到偽善的肩膀上，擺出搭肩的拍照姿勢。拍完照之後，他也沒有要把手拿開的意思。本來想一笑帶過，沒想到他卻變本加厲。閒聊的時候，他逐漸往偽善那一側貼近，不僅散發出噁心的眼神，甚至還亂摸偽善的臉。我確定這其中必有詐。表情凝重的偽善謊稱有其他要去的地方，連忙甩開他的手。在這混亂之中，他還不停地傳情示好，「你們要去哪裡？」、「搭我的計程車，我載你們去呀」、「晚上會來俱樂部跳舞嗎？」，令我全身上下充滿了不耐煩。

已經接近和豪在音樂之家見面的時間，但心裡老是冒出一個想法，那裡的人都只想敲詐觀光客而已。由於這一天內心已飽受折磨，因此不管是音樂還是騷莎舞，全都變得很討厭，但是我們不能違背與他的約定，那個連聯繫方式都沒有的旅人。

勉強到達的騷莎舞俱樂部，感覺像是由住家前院改造而成的地方。幾乎沒有人，也沒播放音樂，非常冷清。與名氣相比，似乎是有點寒酸，失望悄悄地蔓延開來。今天直到最後都是這麼糟糕。

即便如此還是捨不得入場費，所以買了啤酒拿在手上，然後坐著和豪分享旅行的故事，忽然間，主持人伴隨著測試麥克風的聲音登場了。轉頭環顧四周，這才發現俱樂部裡已經擠滿了人。現場樂團隨即開始演奏音樂，氣氛出現大逆轉。獨特的歡快節奏充斥整個空間，所有人都開始舞動起來。緊接著是騷莎的饗宴。人們扭動著屁股，每個角落都沾染了歡樂。我也不由自主地擺動身體，但因為不知道怎麼跳舞，只能張著嘴巴，用眼睛好好享受。這時候，有一位老爺爺靠過來並伸出手向我邀舞。由於白天經歷過的一連串事件，誰知道這是不是又在耍什麼花招，當然要先提高警覺，但即使我揮手拒絕說「我不會跳舞」、「我沒有學過」也沒有用。他說所有的律動都可以成為騷莎，而且他會教我跳，只要將身體託付給音樂就行了。

反正只要感覺到不軌的意圖時，趕緊避開就好了，人這麼多，能有什麼事呢？

「Un, dos, tres.Un, dos, tres.」（一、二、三）

老爺爺抓著我的手，慢慢地配合我差勁到不行的舞步。明明和別人跳會比較輕鬆，沒必要非得教我跳舞啊。漸漸熟悉之後，感覺從容自在一些，也開始聽見音樂聲，看見人與舞蹈。

不知不覺中，我緊抓著老爺爺的手，跳著騷莎舞。這時才感覺我真的踏進了一直以來在腦中描繪的古巴。將可能會一直坐在位子上觀賞到最後的我拉起來的老爺爺，使我喜歡上這個充滿音樂的空間、這個遍布浪漫的城市。人心真是善變啊。竟然就像將煎餅翻面一樣容易。

跟著老爺爺的口令，再次把注意力集中於腳上。

「Un, dos, tres. Un, dos, tres.」

餐廳老爺爺那眼珠快掉出來的凶狠眼神，老奶奶那怒火中燒的嘶啞嗓音，計程車司機的毛手毛腳，全都被踩在生疏的騷莎舞步之下。

第二章

夜半脫逃之路

貧乏對旅行的影響

古巴，聖克拉拉

時間靜止的國家——古巴。在這個使用網路有困難的地方，很難知道世界正在運轉。感覺像是回到了從前沒有智慧型手機的背包旅行時期。我是指回到那個如果需要資訊，就必須去網咖、到了不能在外面走動的夜晚，就只能在床上寫日記、沒有社群網站，只能面對面玩文字接龍遊戲的時期。

世界上所剩無幾的社會主義國家，因為政治因素被國際社會孤立（我們旅遊當時古巴和美國尚未恢復建交），雖然他們獨特的文化散發出無可取代的魅力，但有時候也製造出貧乏。於是，我們在那個貧乏中發明了某物。

單純因為喜歡城市的名字而來到聖克拉拉，偽善卻突然說她身體不舒服。可能是在巴拉德羅海邊玩得太瘋了，或者是身體狀態不穩定，感覺下面有令人心情不悅的不明分泌物流出來，這是女性生殖器發炎時會出現的症狀。如長時間坐著工作，或處於高溫潮溼的環境，或體力不支，就會因免疫力下降而患病，這是女性經常會得到的疾病。如果持續發生就必須去醫院，但如果只是暫時性的話，就還不至於要接受診察。可是，健康的身體是旅行時的最佳資產。治療刻不容緩，我立刻拉著偽善要去藥局，但腦海中迅速閃過一個念頭。

「要怎麼解釋這個症狀呢？」

是啊，根本無法解釋。即使是用正規教育課程之下學到的英文，也不知道要怎麼解釋，好不容易才會講「廁所在哪裡？」這類的西班牙語的我們，究竟要如何得知那個藥怎麼說呢？

事實上，只要連上網路就可以解決了。只要做這一件事就行了。但是，這個城市可以使用網路的地方就只有一個。不僅如此，因為沒幾臺電腦，所以必須站在長長的排隊隊伍裡面等待，而且使用費也非常昂貴。為了查一個單字耗費這些時間跟金錢，實在是太浪費了。然而，我們更沒有用西班牙語向藥師說明這個疾病的本事。我動腦想了一下，腦袋不是只有在餐廳看菜單點餐時才使用，而是這種時候才要努力地使用吧？我馬上就想到辦法了。感覺旅行越久，就越會察言觀色跟耍小聰明。正所謂條條大路通羅馬，沒「話」可說，就改用「畫」來說啊。

但是，又出現一個大問題。那個部位要用圖畫來表示，也是有點令人害羞。

「不，這有什麼，生殖器又怎麼樣了？它是父母賦予我們的寶貴軀體的一部分啊。是靈長類可以延續子孫的神聖部位！」

不過這些話都白喊了，眼睛、鼻子、嘴巴和我的內心不同，它們都因為害羞而慌亂不已。一片靜默。拿著鉛筆的手就像蜜蜂一樣，在白紙上方打轉。

該是下定決心的時候了。只要克服一時的害羞，就能省下不少錢！就像往常那樣，用不方便換取金錢，我對這件事很有自信。既然要畫，我決定要痛快地畫。如果畫的是常用來表示女性身體的記號W、Y等，會減少一些丟臉的感覺，但可能會和想表達的內容有差距。

首先，在腦海中登場的畫面是躺在床上的女人。要走的路還有九萬里，卻感覺臉已經紅了。第一筆先小心翼翼地畫出屁股，沒想到接下來的進展非常順利。連打開的雙腿都描繪出來了，盡可能詳細地描繪患部，以免引起任何誤會。漸漸遺忘原本的目的，開始用大膽的線條和細膩的表達能力，呈現出藝術之魂。

難道我具有畫春宮圖的天分？「沒試過怎麼知道」，這句話帶給我很深的感觸。患部已經畫好了，接下來要表現出病症。總得告訴對方是疼痛、或是傷口、還是發炎吧？經過短暫的苦思之後，我畫了一個身材比例為二頭身的可愛版細菌。替它畫了一個好像馬上就會做出什麼壞事的邪惡表情，以及一支令人望而生畏的三叉戟。而且為了避免對方給我們口服藥，我還親切地畫上把藥直接塗抹在患部的箭頭。畫到這種程度，已經堪稱完美了。不可能會聯想成其他疾病。這種品質，直接刊登到藥學雜誌上也是沒有問題的。

現在，輪到我的第一幅春宮圖，不，是「疾病圖」，去驗證它是否能扮演好自己的角色了。為了不讓別人看到，我把畫摺得整整齊齊，並收進錢包的最深處，接著悄悄地走向藥局。我稍微把頭探往陳列架的另一端，幸好那兩位看起來像是藥師的人都是女生。這樣好像比較沒那麼不好意思，雖然只有一點點。

我抬頭挺胸地打開藥局的門，並且遞上圖畫，但是我心裡明白，我的臉紅得像火在燒。藥師停下動作，好像要把紙看穿似地注視著圖畫，後來甚至是直盯著偽善看。明明同樣都是女人，竟然還是如此尷尬……一秒鐘宛如一分鐘這麼長，經過一段極為漫長的時間之後，反饋回來的不是

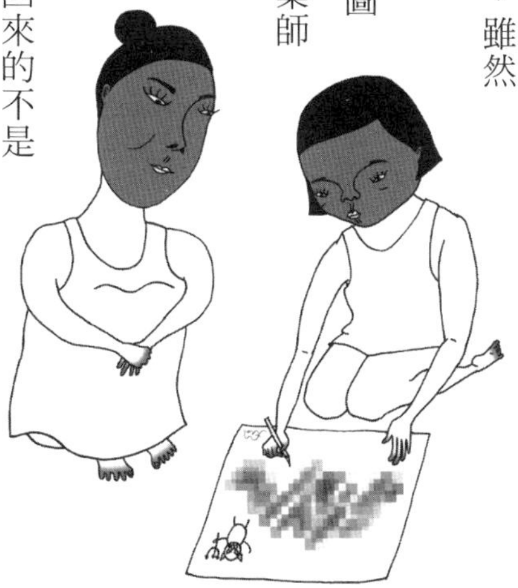

藥，而是西班牙語轟炸。你無法理解我這張「疾病圖」的地位，以及作者隱含在畫裡的深遠涵義嗎？

從她一邊揮舞上面寫著複雜字跡的紙張，一邊說明的樣子來看，她似乎是說，因為這間藥局是具有處方簽的人才能買藥，所以沒辦法在這裡購買一般藥品。於是，我的「疾病圖」的初次展示，就這麼無言地結束了。

在那位藥師告知的方向，有一間比它更小的藥局。然而，這次的藥師都是男生。讓人感到更加害羞，因此我和偽善互相推著對方的背說你去吧。

唉唷，骰子都扔出去了，大局已定。事到如今，就抬頭挺胸地走進去吧。丟臉也只是暫時的。

挺起胸膛，闊步向前，再次打開錢包……小心翼翼地拿出封印在深處的祕密作品。兩個藥師因為這幅奇怪的畫而停住不動，但馬上就噗哧一聲，情不自禁地發出笑聲。

「是啦。我也覺得這個情況很搞笑，所以我們趕快把正事辦一辦，從此一刀兩斷吧。現在這樣彼此都很尷尬，不是嗎？」

他們似乎是察覺我的心思了，翻找掛在牆上的陳列架之後，立刻把藥拿給我們。接著進行補充說明，他假裝把藥放進嘴巴，再比出表示不可以的「X」，然後他可能不知道要怎麼用身體表達插入這個詞，於是他停下了動作。

沒關係，我能理解。我也不知道要怎麼用身體來表達那個詞。

付完藥錢，迅速地把紙摺起來，然後奔逃到藥局外面。像是約好似地默默走著路的我們，直到距離藥局很遠了，才突然捧腹大笑，並笑了好一陣子。雖然這個過程令人既害羞又尷尬，但還是成功了。藥已經得手了。

說真的……這個方法，還不錯呀。實在無法用話來表達的時候，用圖畫來表達就行啦！雖然沒什麼用處，但是熟悉之後，總有一天會派上用場。就這樣，小技巧又增加了一個。

與低潮結伴而行

古巴，聖克拉拉

用極為浮腫的臉睡到很晚才起床的早晨。我很喜歡旅館的豐盛早餐，兩個半熟煎蛋。漫無目的地在村莊入口閒晃。不帶任何意義地按下相機快門，拍攝村莊裡的狗、水果店、腳踏車。當狼吞虎嚥吃下的早餐，差不多已經從腸胃中消失的時候，我走進了看似餐廳又好像不是餐廳的可疑空間。這裡的古巴家常菜與它不起眼的外觀不同，美味程度遠遠超出預期，我大口大口地將食物消滅。一邊癱靠在公園的長椅上，一邊炫耀肚子和坐在隔壁的老爺爺一樣大。

我走進超市，想買一些旅行會用到的必需小物。彷彿店員是中午喝了幾杯啤酒才把東西放到陳列架上似的，筆跟排水孔蓋竟然混放在同一個空間。雖然大部分的古巴商店都是這種陳列方式，但我每次看到都會覺得很不順眼。我在那慘不忍睹的混亂之中，猶如科學蒐證一般，找出我要的必需品。買完東西之後，我再次漫無目的地在巷弄裡閒晃。

時間無情地流逝，又到了肚子叫餓的晚上。回到旅館，吃了幾口白天買的切塊麵包和水果，然後準備入睡。

像前天一樣的昨天，像昨天一樣的今天，以及像今天一樣的明天，不斷地循環

下去。在某個價格低廉的地方填飽肚子，買一些小東西和點心，不管做什麼事都不覺得費力。連續好幾天都反覆著毫無意義的「衣」、「食」和短暫的「感觸」，晚上和平常一樣回到旅館，躺在床上的偽善先開口了。

「雖然來到了一直很想來的古巴，但並不是那麼開心。」

「……我也是。」

這是突然抬起頭來的心聲。因為害怕當它吐露在世界的瞬間，就會成為不得不承認的現實，因此一再推延，不願說出來。這大概就是對於沒有盡頭的無力感，做出的簡短告白吧？預料中的長期旅行的低潮。

「今天要喝一杯嗎？」

「好啊。」

明明三天兩頭就會迎接一下酒先生，卻講得好像是「好久不見」的樣子，聽起來真是有夠心機。話剛講完，就衝出去買了一瓶哈瓦那俱樂部，這是一種蘭姆酒，也是古巴的經典名酒，另外還買了一瓶連一克的糖都沒有的碳酸水。雖然是倉促之下打造的沒有任何小菜的酒桌，卻比想像中還要更糟糕，因此趕緊將置於抽屜上方的假玫瑰花擺上去，看起來有比較漂亮一點。我們突然對視的瞬間，兩個人都「噗」地一聲爆笑出來。

環遊世界之前，我們一起去過最長的旅行是兩個月。因為這次很快就會超越之前的時間長度，所以當初就預想到會有低潮。也常常從比我們早進行環遊世界的旅人口中聽到這樣的事情。踩踏在初次到來的地方，嘗試各種新奇的事物，遇見新的人。總是在體驗不同的事物、新的事物，這件事不知不覺成為「日常」，屬於旅人的矛盾。雖然早已有所覺悟，卻沒想到偏偏是在夢想中的古巴迎來了低潮。承認的瞬間，嘴巴裡像抹了藥粉一樣，苦苦的。

當剩餘的酒明顯少於喝下肚的酒時，我們終於制定出對策了。比起小心翼翼承認的事實，這樣做既簡單又明瞭……

連低潮也一起享受吧。

隨心所欲地過吧。

不要逃避，繼續面對，低潮也會迎來低潮。

我們決定不要抓著低潮的領口，而是爽快地與它結伴而行。我們並不是為了實現什麼才來旅行的。競爭、焦急、執著之類的東西，全都丟棄在這段期間走過的路上了。

什麼都不想做的話，就什麼都不要做。因為這是為了聆聽內心聲音而出發的旅行。況且，我旁邊還有個一起什麼都不做的朋友，不是嗎？如果真的想安靜地做些什麼的話，那就盡情地呼吸、大肆地睡覺、開開心心地吃飯吧。

就這樣，我們好一陣子都保持著重力減輕的狀態，既不是在月球漫步也不是在空中飄浮，而是繼續過著無所事事的生活。

第三十次生日1

古巴，維尼亞萊斯

這是每年月曆上三百六十五天的其中一天。

但是對任何人來說都是特別的一天。

十二月二十四日，平安夜。

我的生日。

小時候因為生日在寒假，無法發邀請函給朋友。就只有二十四日晚上，全家人圍坐在一起吃蛋糕，蛋糕上的蠟燭數量和十二月二十五日出生的哥哥的年齡一樣多。

翅膀稍微硬了就想飛，因此在我生活圈開始往全國擴大的十幾歲後半段，就和朋友們到鄰近地區進行兩天一夜的旅行，尋求脫離常軌的快樂。因為成年而自信爆棚的二十幾歲初期，以喝到掛的概念盤踞在居酒屋裡，和朋友們一起高唱愛情和夢想，直到天亮都緊抓著青春不放。慢慢地，多少變得比較懂事，或者自認如此的二十幾歲中期，則選擇安靜坐在餐廳裡吃一頓飯，搭配一杯美酒，以此來慶祝生日。

就這樣，年齡的個位數字以一、二、……、七、八、九爭先恐後地上場，連十位數字也喀噠喀噠地轉過一、二、三，禮物也從蠟筆、三層鉛筆盒等文具用品，轉變為改善皺紋、皮膚再生的營養霜。能去的地方變得更多，能享樂的錢，即使只有一點點，也變得更充裕。

然而，由於所謂全世界紀念日的興奮之情和所謂年末浪漫的特殊性，使我的生日總像附錄一樣依附在這些前提後面。因此，要在生日當天和親愛的朋友們慶祝，逐漸變得困難。於是，我的生日自然而然就被提前到二十三日。當這件事不知不覺地成為理所當然的時候，朋友們一個個開始建立家庭，不是「男朋友」，而是「老公」；不是暱稱為「小孩」的新款皮鞋，而是「真正的小孩」。要和扮演妻子及媽媽這些新角色的朋友見面，變得越來越困難。

二十幾歲後期，不知不覺中，對我來說，二十三日的意義漸漸從生日變成和好久不見的朋友們見面的日子。這天過後，到了生日當天的二十四日，我就跟平常一樣，到公司上班，然後一邊看著滿街歡欣鼓舞的人們，一邊拖著沉重的腳步回家。

十二月二十四日。寒冷的這一天，我總是孤單一人。

「唉唷，生日也沒什麼特別的。」儘管這麼想，但聖誕節前夕還是想和好人一起度過。一年之中唯一專屬於我、自誇炫耀也沒關係的「我的生日」。每當這個時候，我就感覺到真正的孤寂。（問我有沒有男朋友的話，我得先眺望一下遠處的高山。）空氣中充滿喧鬧愛情的城市，自己一個人去看電影或公演，說是送給自己的禮物，也只是徒增淒涼而已。不知道從什麼時候開始，獨自一人坐在房間裡找個精選電影來看，或蹲坐著擦去位於睡褲膝蓋處的惆悵，已經變得相當熟悉了。

是的。我的生日沒有什麼像樣的記憶。沒有回憶的我的二十幾歲生日，對這段歷史瞭若指掌的偽善，從來到古巴並進入十二月分之後，就開始偷偷地打探我生日想要做什麼。我只想在哈瓦那的其中一家酒吧裡，安靜地度過，這是我發自內心的回答。這一次，光是不用獨自一人度過的事實，就夠讓我別無所求了。

但是……這一次，我的三十歲生日……

是我人生所有生日中，最熱鬧的一次。雨水、酒、音樂、人。

我生日的時候，被我喜愛的一切給擁抱著，因為這樣的溫暖和甜蜜，使我無法停止微笑。絲毫沒有讓孤寂或惆悵擠進來的縫隙，連一公厘都沒有，真心地唱歌、跳舞、大笑。我第一次得知，美好的日子、和好人在一起，是如此溫暖。

我的第三十次生日，很難用文字來表達。

第三十次生日 2

古巴，維尼亞萊斯

帥氣的生日快到了。

這是她開始環遊世界之後的第一個生日，偏偏落腳的國家是沒有網路的古巴。到時候，將處於連韓國的朋友們傳送的祝賀訊息，都沒辦法接收的孤立狀態。因此，那一天，她身邊能給她祝賀的人，估計全世界只有我一個。她的第三十次生日，完全成為我的分內事。哈，我的天呀。討厭，為什麼我得接受這種試煉……

我的腦袋無時無刻不在運轉。到底要怎麼幫她慶祝呢？寫手寫信？光是用想的，就覺得全身細胞都像麥飯石上的魷魚一樣蜷縮在一起。這種無法避免的副作用讓人感覺很不舒服。而且僅用一封信就想打發，這算什麼？話雖如此，若要買禮物，對於所有家當都背在身上的背包客來說，也不是件容易的事。「來，這是美麗的垃圾。未來大約兩年的時間，你都要背著它走喔。」應該會變成讓人笑不出來的窘境吧。也曾想過策畫一場令人驚喜的活動，但我很快就明白，這是不可能的事。除了蹲在馬桶上的時間以外，我們所有時間都黏在一起，在這種情況之下，能準備什麼？要如何準備？腦袋不停轉來轉去，彷彿在沒有出口的隧道裡打轉。

無論怎麼想也想不出可以實行的好主意，逼不得已，我決定去試探她的心意。

「欸，我們應該是聖誕節那時抵達哈瓦那吧？你不是說超想去那裡的嗎？有什麼想做的事嗎？」

盡量自然且不經意地詢問，而且說話的同時還要將視線投注到其他地方。我的媽呀，完全做作到不行。幸好她似乎沒有察覺，不過，難道是因為太自然了，她以為我在自言自語，所以沒有任何回應嗎。我深吸一口氣，重新調整氣勢，然後再次提出相同的問題。如同談論今天的天氣，如同偶然混在呼吸間咳出來的咳嗽，我盡可能地展現出若無其事的氣息。

「嗯？這個嘛，沒有什麼想做的事情耶，就去個安靜的酒吧小酌一杯吧？」

哎呀，與先前的各種努力相比，這次並沒有什麼特別的收穫。我迅速地走過去，觀察她的表情，發現她呈現一副極度沒有想法的臉。很明顯是無意間流露出來的真心。好吧，就小酌一杯吧。這傢伙比任何人都喜歡在安靜的地方喝一杯，那就這樣做吧。在古巴這個地方，還能再多做什麼嗎？因此，我下的結論就是，物色一家合適的酒吧，也就是能將帥氣喜歡的酒、下酒菜以及氣氛這三項要素，均衡地搭配在一起的酒吧。

由於這也煩、那也煩，所以我心裡早就決定好了，但是等到日子真的臨近時，我又開始變得不自在。僅僅在哈瓦那小巷弄裡的某間破舊小酒吧裡喝酒，絕對可以讓帥氣獲得九八％的滿足。然而，決定性的那二％將無法填滿。每年到十二月二十四日就會產生的委屈，已累積了二十九次，諳知這件事的我，竟是如此安逸地構思著她的生日，這總讓我覺得心裡過意不去。

帥氣極度幸福時，會毫無保留地表現在臉上。鼻孔徹底地撐開，盡情地笑到起皺紋的難看表情。不行，我必須要看到那個表情。

在擁有豪邁的決心，卻沒有特別點子的情況下，來到了金帥氣生日的兩天前。這時候，我聽到了一個好消息。旅館內有幾個和我們比較熟的旅人，要跟他們的古巴朋友一起去哈瓦那郊區遊玩。我問了日期，他們說十二月二十三日出發，然後要過完聖誕節才回來。我腦中靈光一閃。帥氣正好不在位子上的現在，就是最好的機會。我迅速且隱密地接觸其中一名成員，問他能不能讓我們加入那個旅行。雖然我們隨便插進已經變熟的他們之間是有點尷尬，但現在不是考慮這個的時候。反正就以超高速變親近就好了嘛。

我打算進行「旅行中的旅行」。我必須讓生日當天總是一個人的她被人們包圍，並且獲得無窮無盡的祝福！

身為企劃者，亦即派對策畫人，以畫出傑作的畫家之姿，謀劃好一切後，悄悄地向帥氣提起這件事。果然不出我所料，她不太樂意。剛剛認識的臉孔，加上是外國人，這種組合一起去旅行，會不會平白無故地發生尷尬或不自在的事情，因此她露出了擔心的神情。單獨跟我一起度過的生日，雖然很微小，卻能保障舒適自在。那個旅行則是福禍未定，不知道會突然冒出超級有趣的事，還是超級尷尬。

所有事情都已經安排好了，如果要取消的話，從各方面來看都很搞笑，不過我還是決定等待她的決定。不管是驚喜的旅行還是什麼，如果她心裡感覺不自在的話，一切都是枉然吧？

帥氣終於開口了。

「走吧！」

太好了！我一定會讓她度過一個熱鬧非凡的生日。

眾所期待的二十三日。一大清早成員們就在旅館前面集合。包含我和帥氣，總共有五位韓國人、四位當地的古巴人、一位瑞典人，還有一位在阿根廷出生但現居古巴的國籍模糊不清的韓國人。如同國籍多元的足球隊，這些國際化的人們，全都是為了慶祝帥氣的生日而聚在一起喧鬧。其實對他們來說，這只不過是為了慶祝聖誕節舉辦的旅行，那傢伙也不是不知道這個事實。或許是因為喜歡這種很久沒有接觸的喧囂感，帥氣的臉顯得特別開朗。呼，很好的開始。

但是，這是怎麼回事？旅行中的旅行，代號為「帥氣慶生紀念專案」，遇到了難關。已經到了出發時間，卻有一名成員還沒出現。不知不覺太陽已經高掛空中，期待的心與升起的太陽互相交錯，逐漸下沉到地上。剛剛還說是很好的開始，白高興一場了。幸好帥氣的表情還是很開朗。雖然鼻孔還沒撐開，但那個表情會在哪裡出現呢？還有挽回的機會。打起精神來，魏偽善。

不久之後，最後一名成員出現了。沒時間責怪他晚了好幾個小時才出現，必須趕緊出發才行……但這次是交通工具出了點問題。完全攔不到可以乘載十一個人的車。啊，原本計畫好的藍圖不是這樣呀，該怎麼辦才好？

該說是萬幸嗎？幾個小時後，我們攔到車了。但是，事情變得越來越可觀了。

我們竟然擱到一臺貨車，十一個人的身體以及三天兩夜的行李，在僅容納八人的空間裡擠成一團，看起來很像養雞場的載雞貨車。在沒有鋪設水泥的道路上，只要貨車稍微加速，擠成一團的雞動不動就會彈跳起來。再這樣下去，就算有人彈跳到疾駛的車子外面，也沒什麼好奇怪的了。

值得慶幸的是，從出發到現在，即使受了很多苦，帥氣的臉依舊很開朗。可能是每天和我黏在一起，現在見到這麼多雞，不對，是這麼多人，她好像非常興奮。臭小子，看來是對我感到膩了。

兩邊屁股慘遭無情的拷打，車子行駛了一段時間後，終於到達目的地。整天下來，連一頓正常的飯都沒得吃，只吃了一堆苦頭，所有人都一臉憔悴。尤其老是肚子餓的帥氣，她的臉已經變成乾枯的海帶色，一開始的開朗表情早已消失無蹤。緊急狀況。必須快點填飽她的胃。

急忙入住旅館，並在帥氣盥洗的期間準備飯菜。如同我事先向同行的人叮囑的那樣，我準備的主菜單就是帥氣獻出靈魂去愛的肉與酒。一瓶如同古巴的象徵的哈瓦那俱樂部，以及她非常愛惜的韓國燒酒，整整齊齊地擺在餐桌上。同行的長期背包客夫妻檔，甚至還將他們極為珍愛並且放在背包裡到處走的即沖即食海帶湯放在餐桌上。

洗完澡走出來的帥氣，圓圓的眼睛睜得像燒酒瓶蓋一樣大。在古巴看到這麼多采多姿的生日宴席，這種反應不是理所當然的嗎？讓她坐到主角的座位上之後，以韓國標準時間為準，十二月二十四日來臨的瞬間，慶祝就開始了。

同行的其中一個人點燃打火機，遞到帥氣面前。把拿著火的手當作蛋糕，催促她「呼」一聲把火吹熄，連搞清楚狀況的時間都沒有，立刻就接著唱生日快樂歌。以各國的語言作為反覆記號，連續唱了好幾次，一刻也不停歇。所有人都朝著帥氣微笑、拍手，我偷偷瞄了她一眼，她的眼角竟然泛著淚光。很好，似乎是成功了。

安心地走在夜晚的街道上。這是平常和帥氣兩個人一起旅行時，完全無法想像的事情。這段期間因為覺得危險，太陽下山之後就盡量避免外出，但現在有很多人在一起，加上還有古巴當地人，因此鼓起了勇氣。街道上有些一邊自在地彈著吉他，一邊唱歌的年輕人，他們突然提議要我們加入。瞭解之後才知道，原來是我們其中一個人的同鄉朋友。

這樣啊？既然是朋友的朋友，那對我來說也是朋友！立刻和異國的陌生人變親近的魔法，就存在於這個夜晚的街道上。

喧鬧地玩樂一段時間，興致也差不多消退了。正想說該回旅館了，那些唱歌的年輕人卻說有一個很棒的地方，叫我們一起去。稍微苦惱了一下，便抱著「反正是朋友的朋友」的心情跟著過去，結果我們抵達的地方似乎是一個僻靜的倉庫？突然有種不安的感覺。

啊，不該相信他們的。在金帥氣的第三十次生日被捲進意外事件，這完全不在意料之內。正在快速地尋覓逃跑路線的瞬間，巨大的門被打開，並出現許多人——

吹著小號的雷鬼頭青年、打著鼓的凸肚小鬼、帶著奇怪面具的古銅膚色少年，以及一點音樂細胞都沒有，卻用她專屬的騷莎節奏來跳舞的長髮少女。

感覺好像被哈利波特的月臺給吸進去了。眼前這個令人難以置信的景象，讓我們目瞪口呆地站在原地好一陣子。邀請我們的青年說，這個地方是存放道具的倉庫，但是晚上就被拿來當作村裡年輕人的祕密基地。接著，他讓倉庫裡的人暫時看過來，向他們介紹我們。雖然我全部都聽不懂，但唯獨一個單字我聽得懂。

「Amigo.」

「朋友」，這個詞讓大家的嘴角上揚、眼睛彎成月牙狀。緊接著就突然跳起舞來了。似乎是他們自己的歡迎儀式。還來不及猶豫，所有成為「Amigo」的人，一瞬間都往中央走去。帥氣也不停地擺動著身體，她竟然毫不羞赧地展現出令人同情及嘆息的破舞姿……看來她不是普通地高興啊。

很好，趁著這個氣勢，我必須再為她製造一個驚喜。

將所有人掃視一遍之後，我朝著他們之中看起來像是首領的青年靠近。動員所有能比手畫腳的動作，使用比帥氣的舞姿還要破的西班牙語，在他耳邊說悄悄話。

「不好意思，你有看見那邊那個穿著奇怪的衣服，而且跳著更奇怪的舞蹈的矮矮胖胖的人嗎？那傢伙是我的朋友，今天是她的生日。可以一起為她慶祝嗎？」

他揚起一邊的嘴角，並豎起大拇指。過了一會兒，由小號、鼓及騷莎組合在一起的生日快樂歌，響徹了整間倉庫。

古巴的鄉下村莊，某個偏僻的倉庫裡。那個地方什麼都有，音樂、歌聲、舞蹈、熱情、愛情、友情、汗水。這裡好像唯獨缺少一樣東西，明天。

彷彿「沒有明天」和「沒有我的事」的人們一樣，用盡全力玩了一段時間，疲累地走到外面。這時候，雨水如禮物般從天而降。大家爭先恐後地跑去淋雨，一個個脫掉鞋子並跳起舞來。跳著騷莎舞的人、跳著令人難以理解的個人專屬節奏的人，甚至還有我以為只有在韓國才會看到的，跳著遊覽車舞[4]的大叔。

從天而降的雨水，將我這段時間的負擔全都沖走了。呼，做到這種程度，應該是相當不錯了吧！以後，我連這場雨都要得意洋洋地炫耀，說是我安排好的。在遠處笑得合不攏嘴並將鼻孔徹底撐開的帥氣，正踩著不知出處的舞步翩翩起舞。

④ 韓國人在遊覽車上跳的舞蹈，雙手豎著大拇指並且左右搖擺的舞。

再次感受第一次的悸動

墨西哥，墨西哥城

明天是一月一日。

環遊世界之後迎接的第一個新年。

在「新」、「初」和「一」滿天飛的這一天，雖然可能會很熱鬧，但是對我們來說，「新」的城市、各種「初」體驗，已經成為日常生活了。自然也不會有一定要在浪漫的城市裡看日出、這種日子就應該要吃韓式料理之類的抱負或幻想。況且還是跟非戀人的朋友在一起。只要待在此時的所在地墨西哥城，像平常那樣在便宜的旅館裡小酌一杯，同時將十二月三十一日和過去的一年送到另一邊去就行了。

比現在更加青澀的小時候，才會有「開始」和「初次」帶來的興奮與緊張。心臟撲通撲通跳的「初等」學校、生疏不自然的「初」吻、令人好奇的「新」朋友、陌生的「新」鞋子。

「新」年也是一樣的。在寫不到三分之一就會棄置在一旁的日記本上面，寫下用功讀英文、運動、閱讀、節制飲酒（絕對不會寫成戒酒）之類的決心。一邊驅趕睡意，一邊伴隨普信閣的敲鐘聲許下幸福的心願。

隨著年齡增長，經歷過的事情也跟著層層累積，漸漸地，熟悉的事物反而變得比「第一次」的事物還要多。一年三百六十五天，有哪一天可以過兩次？因為這種想法而對跨年失去興趣，最後就變成，即使在廁所的馬桶上迎接新年，也不會產生任何情感上的動搖。像這樣，我覺得我獲得「年齡」之後，便失去了「第一次」。

不管怎麼說，這都是在異國迎接的一月一日。「第一次」在不是自己國家的地方迎接「新」年。這個事實悄悄地激起了興奮之情。這難道不是享用比平常高級的酒及食物的好藉口嗎？

超市裡擠滿了人。我們昂首闊步地擠進雲集的墨西哥人之間，理所當然似地，直接前往酒品販賣區。嗯，今天是值得紀念的日子，要選哪個好呢？這時我恰好發現一瓶啤酒，上面畫著稍微露出一點臉的太陽圖案。甚至連名字都叫「SOL」，是太陽的意思。新「年」的「太陽」酒⑤……很好，很配。非常完美。但是，瓶子上

⑤ 韓文的「年」和「太陽」是同一個字「해」。

面寫著「Limon y Sal」，意思是裡面加了檸檬和鹽巴。加在啤酒裡？龍舌蘭酒的民族，果然有它與眾不同之處。

跟帶著懷疑的我不同，不怕嘗試新事物的偽善，說她很好奇那是什麼味道，好像馬上就要打開啤酒罐似地，眼睛直盯著它看。最後，我們將獲得檸檬及鹽巴恩寵的「太陽酒」放進了購物籃。然後，懷抱著不能只是平凡地買個啤酒的想法，我們決定再買一瓶厲害的酒。

「這種日子還不花錢，那要什麼時候花？」

抬頭挺胸地站在酒品販賣區前面掃視價格表。利用只有這種時候才會出現的專注力，觀察了老半天，終於有所發現。貝禮詩香甜奶酒，這是一款將柔軟的鮮奶油及巧克力混入愛爾蘭威士忌的酒。由於它充滿甜蜜的味道與香氣，如果和鮮奶混在一起飲用，會忍不住咕嚕咕嚕地喝下肚，不知不覺中就得靠在男人的肩膀上，因此它也是所謂的「失身酒」！

雖然偽善長得一副能將單一麥芽威士忌，以雙份純飲⑥的方式一連喝個幾杯的樣子，但令人意外的是，她反而喜歡這種香甜酒，因此值得慫恿她購買。

我預想的完全正確。負責管理夜半脫逃之路財政的偽善，批准了這項提案。她似乎跟我「趁著心情大好的時候，多花點錢吧」的想法心有靈犀一點通。我心滿意足且豪邁地拿起盒子！咦？空空如也？

「被偷走了嗎？墨西哥的犯罪率惡名遠播，從超市開始就不同凡響了啊。」

我們拿著空盒尋找店員，想詢問是否還有庫存，但在這個擠滿客人的超市裡，完全沒人留意到我們。不久之後，一位帶著慈祥笑容的阿姨作為救援投手出現在我們面前，用我們聽不懂的西班牙語念著Rap……我們癡呆地望著阿姨，她似乎看出我們是西班牙語白痴，於是開始使用萬國的共同語言——比手畫腳。

若是比手畫腳，我們可是精通得不得了呢！她好像是說，拿著空盒結帳之後，到超市的那個角落，就會給我們新的酒。如果外語能力考試有「察言觀色」這一項，憑我們的實力絕對可以考滿分。接著我們選了木瓜、酪梨和橄欖當下酒菜，並

⑥ Double Straight，酒吧點酒的術語，Double指雙份，一份為三十毫升；Straight指不加任何冰塊或是其他飲料的純酒。

依序裝入袋子。我往沉重的塑膠袋一看，發現這些全都是偽善喜歡的東西啊？

兩手提著重物走回旅館的途中，街上非常吵鬧。不知道是怎麼回事，遠處還有摩天輪閃閃發亮地轉動著。每年的這個時候，這裡都會有為期約一個月的道路管制，並設置簡易的遊樂設施。我們離開古巴之後，一來到墨西哥，兩個人就像約好一樣，同時得了感冒，在床上躺了整整兩天，因此我們完全不知道這件事。原來這個國家的年末也像韓國一樣充滿活力啊……如果說韓國有普信閣，那麼墨西哥便有摩天輪！麻雀怎麼能就那樣經過碾米房呢⑦？

移動得很奇怪的遊樂設施，販賣各式花俏氣球的大叔的叫賣聲、畫上卡通人物的小朋友的臉龐、有生以來第一次見到的街頭小吃……

別有一番天地。這是在昏暗的旅館裡，完全無法想像的喧鬧，因此我們到處逛來逛去，壓根忘了兩手還提滿重物。以「補身體」為藉口，將撒滿萊姆的烤蝦串、令人眼花撩亂的水果串，還有烤得又酥又辣的雞腿，拼命地往嘴巴裡送。吃飽了才回過神來。雙手滿是吃的東西。如果目光短淺是我們的魅力的話，現在就正在散發這種魅力呢。其實到了這種程度，差不多可以轉身離開了，但我們又覺得一定要吃到墨西哥的傳統小吃才行，終於買到把肉放在焦黃餅皮上的墨西哥夾餅之後，才走出這個世外桃源。

回到旅館，用今天買回來的食物和酒擺了宴席。鹹鹹的啤酒、甜蜜的利口酒、香辣的墨西哥夾餅、清淡的水果。

一月一日，明明不以為意地說這是每年都會有的日子，結果不知不覺間，不僅去了遊樂園，還準備了宴席。一週前還在古巴配合著聖誕歌跳騷莎舞，現在竟然在墨西哥一邊吃夾餅、一邊等待跨年倒數，真真切切地感受到我們在環遊世界。

⑦ 韓國俗諺，意指看到自己喜歡的事物時，怎麼能就這樣經過。

忽然間，想到了這個民宿裡也有各式各樣的人生。不同國籍、年齡、性別的人們，大家都在同一個空間裡準備著各自的新年吧？有人笑、有人嘆息、有人後悔、有人下定決心。

泛黃的煙霧紋路壁紙上，浮現了過去一年間的記憶。為了旅行存錢，最後終於出發了，然後每一天都過得朝氣蓬勃。這是一段很不錯的時光，不是嗎？雖然充滿了許多無法預測的事情，但那陌生且不熟悉的感覺反而成為一種活力。

明年，我們會在哪裡迎接一月一日呢？不管那個地方是哪裡，希望未來旅行的每一天都會成為深刻的回憶，希望我們能適當地反省並描繪出內心充實的未來。

在昏暗的日光燈下，坐在吱吱作響的木椅上，用添滿貝禮詩香甜奶酒的塑膠杯和偽善舉杯慶祝。

三、二、一！

噹！

「新年快樂，今年也一起好好玩樂吧！」

護照不見了

秘魯，瓦卡奇納

旅行中可能會遇到的恐慌最高峰——「遺失護照」。原本認為這是別人的事，沒想到我竟然也被捲入這樣的事件裡。

遺失護照第一天

這是離開沙漠周圍的美麗村莊，秘魯的瓦卡奇納後，我們決定前往納斯卡的那一天。我們在公車總站。到底為什麼這個國家每次買公車票都要出示護照呢？就只是在同一個國家的城市間移動而已，真的有夠麻煩的。我一邊碎念一邊慢慢地翻找輔助背包……沒有護照。

為什麼會沒有？放在背包裡了嗎？

我查看了所有可能放進護照的袋子，還是找不到。一旁的帥氣和另外一個當時一起旅行的旅伴，表情從「啊，應該是放到某處，才會找不到」轉變成「出事了嗎？」」。最後我們將所有行李都倒在公車站地板上，不只是我的，還有帥氣和同行旅伴的行李，然後才終於承認……

護照……弄丟了。

比起擔心和憂慮，更多的是不耐煩和嫌麻煩。雖然活到現在已經感受過好幾次了，但是人在遇到重大事件的時候，確實不會被想像中的巨大情緒給干擾。因為能量全都聚集在認知並接受這是自己的事情上，根本沒有讓情緒滲入的空隙。這次也是一樣，沒有感覺到其他特別的危機意識。就只是覺得在這麼熱的天氣中護照不見了，這種情況令人感到很煩躁而已。

到底在哪裡呢？我找到公用電話，打給剛剛退房的旅館。我告知房間號碼，並詢問是否有遺落的物品，聲音慵懶的旅館員工回答說沒有。我強調遺失的東西是護照，再次重述了事情的嚴重性，得到的回答仍然是沒有。或許對他們來說，這只是漫長的一天之中，發生的眾多麻煩事之一罷了。由於焦急的人是我，所以我也只能親自去找找看了。在我們的味道還未完全消散的房間裡，展開地毯式的搜索。沒有看到護照。

旅館、公車站都沒有的話，究竟是在哪裡弄丟的呢？腦中出現一個場景。會不會是離開利馬的時候，放在公車站沒拿到？在這個國家，每次搭公車的時候都會要求看護照，那時候肯定也出示護照了。我彷彿看見了希望。

我借用旅館的電話，打給利馬的公車總站，但果不其然，依舊沒有。我抱著抓住最後一根稻草的心情請求他們說，萬一找到的話，請跟我聯絡。電話那頭傳來詢問聯絡方式的聲音，啊……遲來的領悟朝我襲來。我沒有可以接收訊息的聯絡方式。直到現在才有了真實感，我失去了唯一能證明我的方式。現在無論到哪裡，都無法證明我就是我了。護照真的遺失了。

我利用猶如螞蟻鼻孔噴出來的空氣般微弱的 Wi-Fi 查詢韓國大使館的電話，取得聯繫後，他們列舉出我該採取的措施，但由於通話品質不好，我必須反問好幾次。一旦遇到這種緊急狀況，就非常想念到處都有強訊 Wi-Fi、隨時都可以用手機撥接電話的生活。

俗話說：「人總是在失去後才懂得珍惜。」這句聽到耳朵長繭的話，我第一次對它有如此深刻的體會。原來我這段期間一直過著非常舒適的生活。

根據大使館的說明，如果要取得新護照，必須回到大使館的所在地利馬。如果是短期旅遊的話，就可以領取臨時旅行證明書，不過由於我未來的旅行還很長，而且還要去好幾個國家，因此必須要有新護照。

召開緊急會議。如果只有和帥氣兩個人的話，就可以一起回去利馬，但是現在不是兩個人，而是三個人。五天前，一起度過大學生活的姐姐，加入了我們的夜半脫逃之路。她把工作辭了，在正式離職之前，為了和我們一起旅行而飛來南美洲。一起旅行的時間大約只有一個月，依照大使館的訊息，從申請到補發新護照大約需要十到十五天的時間。計畫好的旅行不能因為我而浪費一大半，也不能讓為了和我們一起旅行而飛來的她自己一個人去旅遊。

解鈴還須繫鈴人。我自己一個人回去利馬，領到護照之後再去找她們會合。就這樣，三個人一起旅行的五天後，我們分開了。如同逆流而上的鉤吻鮭，我獨自踏上返回利馬的道路，感受已經超越真實感，進入無言的階段。

遺失護照第二天

我回到利馬了。

一個人搭上夜間巴士，在十個小時的移動過程中，我下定了決心。現在是非常時期。這段期間以漫無目的為目標的生活態度，要暫時擱置在一旁了。我訂立了兩個目標。

第一，盡量在最短的時間內領到護照，然後前往和帥氣及姐姐會合。無論如何都想和她們一起觀賞秘魯之旅的高潮「馬丘比丘」。

第二，單獨行動的期間，盡量節省旅費。

不管怎麼說，弄丟護照是我的錯。由於我們已經沒有你的錢、我的錢的概念，而是使用共同口袋裡的錢來旅行，節省旅費是對帥氣的體貼。我必須比誰都迅速地、比誰都帥氣地拿到新護照，然後衣錦還鄉！

我再次回到之前投宿的旅館。預計接下來會是忙碌的一天，如暴風般搜尋各種資訊，然後，最先做的事情是前往警察局，為了製作護照遺失的調查文件。

下一個目的地是利馬的公車總站。雖然已經用電話確認過，那裡並沒有我的護照，但這就是抓住最後一根稻草的心情。果然沒有，完蛋了。不過我必須要冷靜才行，不能再出任何差錯了。

前往今天的最後一個目的地，大使館。大使館的人員都很親切，令人心情愉悅。我接收到的資訊是這樣子的：首先，要從位於利馬的大使館將我的護照補發申請寄送到韓國。在韓國完成發給之後，再寄送到利馬大使館。拿到新護照之後，要去秘魯移民局，重新蓋上秘魯的入境章。很遺憾的是，世界各國中，南美洲是補發護照最花時間的地區。

申請結束後，正當我想轉身離開時，外交官提議要和我特別面談。他說這一個月內，在利馬、瓦卡奇納一帶的韓國人護照遺失案件已經超過七件了。他解釋說，因為韓國護照有很多免簽證入境的國家，在國外有它一定的作用，所以很容易成為竊取的目標。我直到現在才醒悟過來，護照可能不是弄丟，而是被偷走了。

既然如此，我下定決心要在利馬度過美好的時光。回到旅館後，天色已經暗了下來。今天一整天，在這語言不通的遙遠異國，獨自於各種政府機關之間來回奔波，我對辦了這麼多事情的自己感到自豪。

遺失護照第三天

早上一睜開眼睛，我就開始思考今天要做的事情。然後我明白了。

「原來我無事可做啊。除了等待新護照到達之外。」

就算是這樣，我也不可能在床上躺一整天呀。我決定在盡量不要花錢的前提下，享受不用花錢的觀光，於是我參觀了米拉弗洛雷斯廣場。米拉弗洛雷斯（Miraflores）是西班牙語「賞花」的意思……呃，比起花或是其他東西，我更想看到我的護照。

遺失護照第四天

想盡全力珍惜的意志也逐漸消失了。

原因是「太無聊了」。不知道新護照什麼時候會來，但又不可能每天都只去米拉弗洛雷斯閒逛。帥氣也傳訊息過來，叫我不要太省，不要過得這麼寒酸，好好地享受吧。苦惱了一下，我決定要去試試利馬有名的飛行傘。怎麼會這樣……因為沒什麼風，飛行傘中途就緊急降落在懸崖上。沒有一件事情是順利的。既然如此，就自己去酒吧喝杯啤酒囉！

我還撐得下去。

遺失護照第五天

很熱，非常熱。大白天完全沒有辦法外出活動。一整天都在旅館裡，以撒上萊姆的芒果勉強維持生命。一方面是為了節省伙食費，一方面是因為天氣太熱沒胃口。然而，一整天只吃芒果，吃到臉都變成芒果色了。

遺失護照第六天

一個月一次，魔法降臨在女性身上的日子

開始了。雖然不喜歡，但也覺得很慶幸，與其是在到處奔波的時候降臨，不如是像這樣一個人待在旅館的時候降臨。

遺失護照第七天

我意識到昨天的想法大錯特錯。生理痛如規模 8.0 的地震般來勢洶洶。由於止痛藥沒了，必須外出購買，但是痛到讓人完全無法移動的疼痛襲擊了全身。因為被酷熱及疼痛纏身，我根本無法爬起來。一整天都餓著肚子並流了滿身汗，身體已呈現虛脫狀態。床單溼透了，我的身體和內心也都溼透了。我若無其事地傳訊息給帥氣。跟她說我不舒服又能怎麼樣呢？只會讓人擔心而已。我感到既寂寞又憂傷。

遺失護照第八天

我以為今天就能拿到護照……結果又還沒來。

更新了好幾萬次國際快遞追蹤服務，為什麼新護照要去遍世界各地之後才過來呢？護照從韓國出發，途經西班牙和法國，正準備前往東南亞。難道它跟主人一樣，正在進行環遊世界嗎？今天旅館的多人房也一樣，昨天入住的房客退房了，然後又有新的房客住進來。歡迎光臨。第一次來利馬吧？我彷彿成了青年旅館的主人。

我現在到底在這裡做什麼啊？

遺失護照第九天

終於！新護照抵達的消息傳來了。

我毫不猶豫地辦理退房。我這輩子再也不會來利馬，以及這個令人厭煩的旅館。十一點十五分左右，我看到新護照了，竟然會如此感人。就在眼淚快要滑落臉頰的剎那，啊啊，連老天都不站在我這邊。大使館的護照判讀機居然在鬧脾氣。不知道是怎麼回事，機器一直出現錯誤訊息。據說要經過判讀才能領取護照，真是急死人了。

由於還剩下到移民局蓋上秘魯入境章的程序，因此我感到心急如焚。因為移民局只營運到下午一點，但現在時間已經超過十二點了。得知事情緣由的大使館辦事人員，給我一份已領取新護照的證明書，在他的關照之下，我決定先帶著證明書前往移民局。我急忙攔了計程車，飛快地趕過去。

這種終於能夠離開利馬的喜悅，讓我感覺計程車費就像買口香糖的錢一樣。好不容易在時間內抵達了，怎麼會這樣？人實在有夠多。看不見盡頭的排隊人龍使我腦中一片茫然。雖然我見風轉舵地到處換隊伍排，但輪到我的時候已經一點十二分了。移民局的營運時間結束了。

啊……我真的以為今天就能離開利馬了。難以言喻的失望和挫折感襲捲而來。拖著無力的雙腿，在附近重新找了旅館投宿。再次卸下行李，我才意識到我一整天下來什麼都沒吃。腳步沉重地走到外面，隨便吃點東西充飢，卻不小心噎到了。就算是沒有奶油的麵包，我也想和朋友們一起吃。肯定會比這個好吃。

明天不管發生什麼事，我都要離開這裡。

遺失護照第十天

最後一天了。

我決定再加把勁。進到大使館，領取判讀成功的護照，移民局一開門，我就第一個完成移轉文件申請。但是，你看看這個辦事員。他說這個需要主管簽核，但主管外出中，叫我幾個小時之後再來。哈，在這個移民局裡，有一大半的人都是有急事的人，這是什麼處理方式啊？我吵著要他立刻處理。沒想到我的西班牙語實力竟然進步得如此神速。我一吵，事情就立刻解決了，真令人驚訝。我抬頭挺胸地拿著蓋上新印章的新護照，攔了計程車一路飛奔到機場。

終於，終於脫離利馬了！

遺失護照第十一天

終於見到帥氣和姐姐了。

我們用類比時代的方式約定在庫斯科的兵器廣場噴水池前見面。甚至什麼時候能相見都不知道。她們兩個說今天剛參觀完馬丘比丘。這樣啊，都是該死的護照，最終我們還是沒能一起去馬丘比丘。而且她們預定今天離開庫斯科，因為她們已經看完馬丘比丘了。

我呢？我無法跟她們一起走。為什麼？因為我還沒看到馬丘比丘，哈哈哈。於是，我們三個戲劇性地在九天之後重逢，卻在短暫地相見四十分鐘後分開。姐姐和帥氣搭上前往玻利維亞的車。像這樣擦肩而過般的相見之後，我們又再度分開了。

她們兩個對我說出她們今天的感想。

「偽善啊，這該怎麼說呢，我們好像是來軍隊探親的。哈哈哈。」

臉還是屁股

智利，阿他加馬沙漠

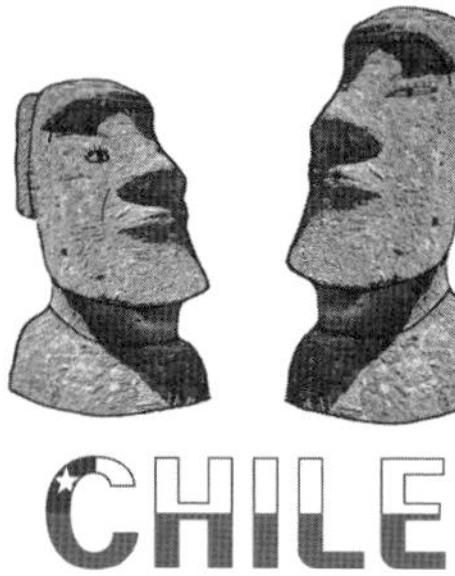

「世界上最怎麼樣的地方」，我不是那種會被這類修飾語給吸引的人，我認為這是一種陳腐的說法。儘管如此，我卻覺得像「世界上最高的地方」這類的說法還不錯，因為這是用客觀數值證明的事實。當然也有人會根據個人喜好或關注之事，進而感覺到或找到意義和趣味。我覺得最不怎麼樣的修飾就是那些「世界上最美麗的某物」。主觀的「美麗」要怎麼被賦予「最」這個最高級的說法呢？這種說法對我來說「最」不怎麼樣。

智利的阿他加馬從修飾語開始就與眾不同。「世界上最乾燥的地方」、「世界上最貧脊的地區」，因為這些別稱，我並沒有覺得它不怎麼樣，反而對它產生了興趣。因為既不是「美麗」，也不是「高」，而是「貧脊」。這是可以客觀證明的事實，而且這也不是吸引遊客的正向修飾語。到底有多乾燥？正好我們決定要跨越到智利，於是毫不猶豫地申請了跨越國境的三天兩夜套裝行程，從玻利維亞的烏尤尼到智利的阿他加馬。

出發當天早上，載滿遊客的車輛，迎著涼爽的風出發了。從此以後的八個小時，窗外的風景完全沒有任何變化。不管怎麼說，都像是有人在出發的時候，用剪刀剪下風景，然後貼到車窗上。不然怎麼可能明明一直在行駛，感覺卻是一樣的呢？竟然會如此滿不在乎地荒置這片廣大的土地！

三天之後抵達國境邊界。不，是聽說抵達了。雖然導遊說這裡是國境交界處，但我還是反問了好幾次。

「這裡？現在這個地方嗎？你認真？」

雖然我見識過各種邊境管制站，但這種極簡主義式的管制站，我還是第一次看到。裝潢概念似乎是「無」和「空白」，或者是「空曠」。不對，因為是在邊界外，所以是「界外裝潢」嗎？反正我就是很懷疑，在這種地方到底要怎麼進行出入境審查。將一團團湧上來的驚慌夾在護照之間，然後排隊等候。

總之，叫我們排隊，我們就排隊吧，雖然我不知道現在這樣到底算不算「排隊」。我腳踩的地方就是道路、就是排隊的地方。其他遊客也向四周投遞帶著問號的眼神，由此可見，大家的想法都差不多。

彎著腰半蹲在人群之間等待，這時卻來了一個不受歡迎的客人，它就是生理現象。這個地區要行駛幾百公里才會出現可以買到食物的商店，在這種地方連水都很珍貴，所以我已經盡最大努力克制自己的水分攝取量了。儘管我這麼努力，還是感覺到突如其來的強烈尿意。導遊對著詢問廁所位置的我張開雙臂，並朝空中大大地敞開。啊……原來是指親近大自然的開放式廁所啊。哈，真是的。沒有廁所的邊境管制站，我也是第一次遇到。

我和恰巧也經歷著相同難關的帥氣一起出發。不是獨自一人的事實，是一種不會讓人覺得比較好，但是又能成為安慰的複雜心情。我們開始朝著人群排隊的反方向進行探查，幸好發現了一個不知用途的可疑牆壁。甚至還有剛好可以遮住身體的小小陰影，這種程度的話，我想應該就可以暫時遮住我的屁股了。我讓帥氣先去解決內急。她應該不是普通的急，她從剛才開始就一直跺著雙腳。由於這個廁所結構無法讓我們同時去上，內心和膀胱容量都寬廣的我，當然要讓她先上囉。

我開始把風。在這個一望無際的荒野，能被誰看到？我因為這個想法而暗自偷笑。但內心的基本觀念和常識還是使我本能地查看四周。上廁所期間像狐獴一樣，伸長脖子、骨溜溜地轉動雙眼的帥氣，辦完所有事情之後，帶著心滿意足的表情回來。

現在輪到我了。猶如接下接力棒似地與帥氣擦肩而過，走進陰影處的同時，我將褲頭往下拉。在不到〇．一秒的時間之內完成的動作，與其說是敏捷，不如說是近似絕望的吶喊。緊接著，水上樂園開張了。伴隨著瀑布般的音效，我感受到強烈的解放感。深鎖的眉間漸漸舒展開來，緊張的肌肉也像是完成該做的工作一樣變得鬆弛。我靜靜地傾聽著由我體內噴向世界的聲音，這個量相當可觀。蹲著的雙腳開始發麻了，但是水壓完全沒有要變小的意思，我再次對膀胱的儲存能力感到驚嘆。然而，就在此時，我聽到陌生的聲音。聽不懂的語言，用不同的語調混合而成的多人對話。而且還是……男人的聲音。

我急忙抬頭看帥氣。看到她眼睛的瞬間，我便明白了一切。她那彷彿要掉出來的瞳孔，胡亂揮舞的短小四肢，果然也說著我聽不懂的話。嗚喔喔喔喔，偽善啊！

怎麼會這樣？竟然會有人來這個荒野之地？難道他們也遇到了膀胱的儲存問題嗎？啊，我必須要鎮定。讓我來分析一下情況吧。雖然已經比剛開始的時候小了，但我的水柱還是很強勁，不是憑意志就能中斷的力道。急忙移動的話，肯定會弄溼褲子。於是選項被縮限為兩個。

臉？還是屁股？兩者之中要出賣哪一個？

千鈞一髮的瞬間，無論哪個選項我都不想選。我急需讓時間停止的超能力。

在我思緒亂成一團的期間，帥氣的行為變得亂七八糟。她驚慌地一下指著那邊，一下看向我，一下看向那邊，一下對我跺腳，宛如故障的人形玩偶。那群男人的聲音逐漸靠近，看來他們正朝這裡走來。某個為了世界上最乾燥的沙漠，正奮力地排出自己的排泄物來滋潤大地的人，他們會如何看待她呢？

這瞬間，我想起一個曾經被問過的問題。當澡堂起火的時候，如果手上只有一個水瓢，你會遮哪裡呢？遮臉？遮上半身？還是遮下半身？當時只想到「竟然在到處都是水的澡堂遇到火災，那也太倒楣了吧？」然後一笑帶過。真沒想到我會遇到必須回答這種問題的情況。當時應該深入思考才對。如此一來，現在這個瞬間，我就不必浪費寶貴的幾秒鐘去思考我要守護哪一個部位了。

聲音從左邊傳了過來。如果往右轉，就能防止面對面的情況，但是就必須露出光溜溜的屁股；如果往左轉，就能守護住屁股，但是就藏不住臉。我再次對臉和屁股正好生長在反方向的身體構造感到怨恨。

終於下定決心了，我沒有和他們對視的信心。既快速又果斷地做出決策！咻地快速旋轉。固定好右大腿！給予支撐的力量，像圓規一樣轉動左腳，往右旋轉九十度！做出有如 Universal Ballet 舞團⑧跳天鵝湖的優雅動作。迴轉的同時，宛如水晶的黃色碎塊，一顆顆地劃開天空，並向世人展示兩瓣雪白的屁股。

這是魏偽善的知識百科辭典，新地區說明更新完成的瞬間。智利阿他加馬，世界上最丟臉的地方。

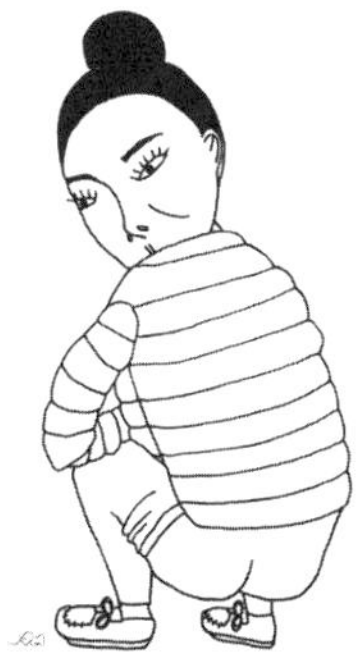

⑧韓國知名芭蕾舞團，創立於一九八四年。

辣炒年糕遠征隊

阿根廷，門多薩

「被射中」是夾雜著熱情和速度的動詞。飽含了如果不是這個的話，任何東西都取代不了的向日葵的純情，以及無論是大便或大醬，都只為今天而活的推土機的推進力。離開韓國第一百六十一天，就如字面上的意思，我突然被辣炒年糕「射中」了。

因為一整天都發散著炎熱的太陽，偽善彷彿連骨頭都融化似的，如軟體動物般倒得歪七扭八，叫我看一下這個的同時，翻了一個白眼，然後將手機遞到我面前。她使用旅館微弱的 Wi-Fi，正沉溺於社群網站中。

畫面中清楚地寫著「首爾十大辣炒年糕」的文句。她一邊叫我看各種賣弄風騷的辣炒年糕，一邊手舞足蹈。用叉子插下去的時候，身體暫時蜷縮起來，接著晃動全身，又再次反彈的年糕Q彈質感，紅得恰到好處的濃稠湯汁，不僅發出璀璨光芒，還流露出迷人的姿態。一生執著於辣炒年糕的偽善，已經被受到迷惑的雙眼及流下來的口水搞得像醜八怪一樣。我跟她也沒什麼兩樣。

這一瞬間，有股強大的力量進入鼻孔，同時電流開始在無精打采的大腦裡運轉。雖然我生性懶惰，夢想著樹懶的生活，但是一旦被什麼東西射中的話，就會成為獵豹，發揮前所未有的專注力和推進力。現在正是這樣的瞬間。滿腦子只有辣炒年糕。我猛然起身，嚷嚷著我要製作辣炒年糕。偽善帶著不像話的眼神問我，沒有年糕要怎麼做辣炒年糕？我對她咧嘴一笑。

「偽善啊，我也要做年糕呀。」

一種為了煮蔘雞湯得從小雞開始養、為了煮泡菜鍋得從白菜開始種的概念，帶著這種匠人的精神，在網路搜尋引擎輸入「年糕的製作方法」。

「讓我看看，高筋麵粉？低筋麵粉？這是什麼東西？高筋麵粉是要強而有力地製作東西來吃嗎？低筋麵粉是要有魄力地製作東西來吃嗎？[9]不管了，我現在很急，就用超市買得到的麵粉來做吧！」

偽善一邊說著很晚了，一邊勸阻我，我強而有力且充滿魄力地甩開她，並朝旅

⑨ 韓文的「高筋」和「強而有力」都是「강력」，「低筋」和「魄力」都是「박력」。

館經理走近，詢問現在這個時候是否還有超市在營業。

然而我得到的回答是「因為很晚了，沒有還在營業的地方」，不過我早就預料到會是這樣的答案。我可不是會就此放棄的人。好，就用我的雙眼來確認它們打烊了沒。如果不這麼做的話，我會睡不著覺。我啊，是那種今天要做的事情已經推延N次，但是吃消夜卻從來沒有推延過半次的人。

「我馬上回來，你等一下喔。我一定會做出辣炒年糕。」

沒有任何事情能阻撓我對辣炒年糕的強烈欲望。即使偽善挽留我，我仍然衝了出去。在昏暗的巷弄間奔跑了十幾分鐘，我看到遠處有散發著商業氣息的微弱燈光。沒錯，就是這種感覺。果然是超市。雖然準確來說是雜貨店才對，不過即使這間店只有賣麵粉這一個品項，也夠讓我感恩了。

「¡Hola! ¿Tienes harina?」

在事態緊急的狀況之下還能翻譯出「有麵粉嗎？」的我，真是名符其實的帥氣。為什麼大半夜的會有一個亞洲小姑娘跑來買麵粉，對此完全摸不著頭緒的阿姨說了一堆我聽不懂的西班牙語。大概是在問我要高筋或低筋麵粉，可是連我自己都不知道要用哪一種了，該怎麼回答她。我只是不斷地喊著「Harina, por favor.」（麵粉，拜託你了）。後來想想，這真是個帥氣的句子啊。竟然在拜託麵粉……

或許阿姨是覺得無法溝通，因此聳了聳肩，遞給我一袋麵粉。雖然大小比想像中還大，但我並不害怕，我要把它們全都做成年糕吃掉。我還不忘挑選洋蔥、大蒜和啤酒。今天我體內的帥氣即將爆發出來，請期待將不可能轉化為可能的熱情（又稱之為食慾）。

偽善可能以為我會兩手空空回來，她用驚訝的眼神看著我緊緊抓住麵粉的手。

「呼，還沒結束呢。還必須施展令人難忘的魔法。」

打開背包，拿出收到的禮物：軟管裝辣椒醬、辣椒粉，以及每次吃飛機餐時一點一點積存下來的砂糖和胡椒粉。為了製作燙麵團，我將裝了水的鍋子放到火爐上，並開始收集民宿的公用調味料，然後一一擺放好。材料都準備好了，我想應該會成功吧？原本擺著臭臉的偽善，也因為可以吃到辣炒年糕而高興得大呼小叫。這是在地球另一端，辣炒年糕遠征隊誕生的瞬間。塑膠碗裡裝著剛買來的麵粉，灌注熊熊燃燒的熱情後，再倒入如熱情般滾燙的沸騰熱水，然後開始攪拌。

「啊，好燙！只不過是想做辣炒年糕來吃，結果手都融化了。」

單純想要吃辣炒年糕的熱情，現在轉變為一種挑戰。一邊用野獸的眼神對著熱燙咆哮，一邊將麵團搓來搓去，白色的麵團漸漸產生彈性。到此還不是結束，這只是開始而已。將麵團放到巨大的砧板上，開始一點一點地捏下來，然後將麵團揉得又細又長。雖然和想像中的樣子不一樣，比較像我現在腫脹的手指，但是我不在乎。不知道在哪裡看到的，為避免年糕互相黏在一起，要用食用油替它們按摩，這個動作也完成之後，一切都準備就緒了。現在，只剩下製作真正的辣炒年糕了。

雖然缺少鯷魚、海帶、蘿蔔等高湯三劍客，但自來水不是鏽水，就已經令人感到很慶幸了。「簡單就是最好的」，不是嗎？

放進辣椒醬、辣椒粉、砂糖、醬油，還有切碎的洋蔥，把湯煮滾，再將年糕放入湯裡，然後稍微等待一下。等湯煮到有點辣辣的時候，放進切好的蒜末，輕輕撒上胡椒粉，接著再煮三分鐘，就完成了！

從為了買麵粉而出門到現在，已經過了一個小時又三十幾分鐘，終於完成這項壯舉。我竟然在地球的另一端製作出辣炒年糕，眼淚都快流出來了。

擺放辣炒年糕鍋的餐桌上，戰雲密布。如果不好吃的話，不僅白花了買麵粉的錢，還會背上浪費了珍貴辣椒醬及辣椒粉的罪名。偽善先拿起叉子，然後咬了一口年糕。眉毛微微地抽動了一下。她將年糕再次沾上滿滿的湯汁，並嚼著剩下的年糕，卻突然放聲大笑。

「怎麼了？味道很怪嗎？」

我急忙咬下一口年糕，接著爆笑出來。不像年糕，但是又有點像年糕的味道。看起來不怎麼好吃，但是吃起來還滿好吃的。因為這個驚險地遊走在成功與失敗之間的味道，我們兩個不嚼年糕，而是大笑了好一陣子。

正當我們深陷在這個類似年糕的奇妙魅力之中時，有人靠了過來。是從剛才開始就在仔細觀察我們的日本朋友。要展現韓國人的靈魂食物——辣炒年糕的味道給你看看嗎？伴隨著「很辣」的警告，一邊說著：「你們國家沒有這樣的食物吧？」一邊遞出年糕。這位朋友充滿氣勢地咬下一口年糕，臉立刻變得通紅，然後急急忙忙地找水喝。

「呀哈哈。我們是三餐都吃這種東西也完全沒事的恐怖民族！」

痛快地將多年來的韓日情感一拳擊飛。不知不覺，鍋子已經見底了。我們用紅通通的嘴唇大喊：

「明天再來一次！」

冰河上的感動

阿根廷，埃爾卡拉法特

我的心被非常微小的一角給占據了。

「人類可以輕易接近神的地方」、「冰塊、水以及天空，由這種單純的組合結合而成的奇觀」、「寬五公里、高六十公尺、長三十公里的雄偉」、「聯合國教科文組織世界自然遺產」——因夢幻的蔚藍而使人失了魂魄的佩里托莫雷諾冰河，雖然有很多修飾語，但不管是怎樣的修飾，我們都淡然處之。

在如此溫和的心上點燃一把火的東西，比起冰河的名聲，它非常微不足道，這個東西就是威士忌。徒步結束時，放入冰河冰塊的威士忌，我們馬上就對它怦然心動了。竟然是冰河上的冰河威士忌。儘管我們總是心酸地省吃儉用，但該花的時候卻是頭也不回地花錢，至少我們是充滿浪漫的遊手好閒之徒。雖然徒步的費用非常昂貴，還是心甘情願地付錢了。人類竟然會因為這種瑣事而做出重大決定。

雖然已經看過終年不化的積雪，但冰河是第一次看，所以我們很仔細地準備所需用品。首先，必須要隔絕寒冷。光是打開旅館門就會被寒風刮臉，更何況是要在冰河上行走。我拿出在玻利維亞買的鋪棉外套、毛袖套、毛帽、毛襪、所有加毛的品項，甚至還拿出羽絨外套。我也準備了阻擋反射光線的墨鏡、保護手不被尖銳冰河弄傷的手套、保護腳背不被緊緊扣住的冰爪弄傷的跋涉健行鞋。最後還準備了應急糧食。冰河旁邊絕對不會有人賣杯裝泡麵或熱狗之類的東西，必須準備一些食物。我捏了塞滿牛肉及蔬菜的飯糰，以防萬一，還煮了雞蛋並放進包包裡。

第二天，搭了約兩個小時的巴士，便進入冰河國家公園（Los Glaciares National Park）。巨大的湖出現之後，我們就改搭輪船，這樣才能更靠近冰河。要是人們突然開始鬧哄哄的，就會知道出現值得一看的東西了。透過窗戶，開始看到遠方的藍色冰塊。我急忙走到船的二樓，因為耀眼的明亮景象而發出了短暫的驚嘆聲。看著緩緩靠近眼前的巨大冰塊，突然真切地感覺到我來到地球南端了。

船尾的阿根廷國旗正忙著飄揚。鋪展在船後的是蔚藍的天空、終年不化的白雪，還有藍色冰河。由藍色及白色組合而成的阿根廷國旗，分明就是從這裡獲得的靈感。一直到目光能夠觸及的那個遙遠盡頭，所見之處全都覆蓋著冰河。露出尖銳冰刺的冰河，好像在說你竟然能克服一切來到這麼遙遠的地方一樣，淡淡地流淌著高傲的藍色，並送上問候語歡迎大家。

終於，船靠岸了。現在，近處就有冰河，彷彿觸手可及。工作人員以熟練的手法將冰爪一一套到我的腳上，告知我行走的方法。雖然不久前才因為長途跋涉導致膝蓋受傷，至今還沒完全痊癒，我還是一邊用力地將釘鞋釘到冰上，一邊行走。讓雙腳呈現V字的模樣，往上爬的時候以外八的方式走，往下爬的時候則以內八的方式走。正想享受一下風流韻事，膝蓋卻慘遭天打雷劈。那又怎樣？都已經來到這裡，錢也已經花了，背包裡還有飯糰，我還想喝威士忌。不能退縮，再試一下吧。

我小心翼翼地走著。釘鞋必須釘入冰裡，只要少釘進去一點，就很容易滑倒。由於膝蓋傳來椎心刺骨的疼痛，我冷不防地發出一聲呻吟。像剛開始學走路的小孩一樣，搖搖晃晃地走了幾分鐘，逐漸熟練之後，我抬起頭望向遠方。好白，而且好藍，宛如將粗糙的圖畫紙隨便撕碎之後再黏貼上去似的。所謂的三度空間消失了。直到看見爬上冰河的人變得像小點一樣，我才感受到了距離。在船上看到時是一種感覺，近看又是不一樣的感覺。

即使沒有進入冰河深處，只看冰河表面的裂縫也能知道它有多深。從窄小的冰塊裂縫中透出神祕的藍。雪堆積之後結凍，然後新的雪又再次在這上面堆積結凍，不斷地重複，層層堆疊，如果對堆積的冰施加極大的壓力，就會呈現出藍色。會呑

噬人類的深溝，竟然是如此美妙的顏色。原來無限透明的藍色就是這樣的東西啊，彷彿快被吸進去一樣。

為避免不小心踩空，我集中精神，跟著導遊排成一列，認真地攀登冰河。因為比想像中溫暖的天氣、比預料中還能撐的膝蓋，令我感到心情非常舒暢。開始徒步後已經過了約一個半小時左右，這時大家帶著興奮的表情聚集在平坦的冰河冰丘上。小木桌上擺放著一排裝滿冰川冰塊的玻璃杯。

期待已久的時刻終於來了。威士忌似乎是剛剛才打開，酒瓶旁堆滿了焦糖餅乾。竟然連下酒菜都準備好了，這個行程還真不錯。導遊以熟練的動作依序倒入威士忌。居然在從冰岩取下的冰塊上灌注威士忌，這是貨真價實的威士忌加冰塊[10]啊！

我認為山上適合喝自製浸漬酒，海邊適合喝燒酒。現在，專屬我的風流韻事清單，又追加了「冰河上適合喝威士忌」這一項。迅速地拿了一杯，觀賞威士忌的美麗姿態。我一將玻璃杯朝太陽舉起，冰塊就喀拉喀拉地旋轉，與此同時，強烈的陽

---

⑩ Whiskey on the Rock，威士忌的一種喝法，先將冰塊放入杯中，然後再倒入威士忌。

光也從蕩漾的威士忌之間穿透出來。

我喝了一口冰涼的威士忌。遇到舌頭之後回溫的威士忌，悄悄地滑過喉嚨，體內立刻熱了起來。在火辣辣的舌頭上放上焦糖餅乾，甜蜜蔓延在苦澀之上。我仰望天空，雲呈現海豚的形狀。蔚藍的天空中竟然有白色海豚在漂浮，一時之間，現實感變遲鈍了。難道這裡不是神為人類建造的美景，而是祂們為自己建造的冰櫃嗎？祂們是不是將圍坐在圓桌旁喝威士忌時需要的冰塊，偷偷藏在這個地方了？那隻海豚正在看守這個冰櫃嗎？在這個不現實的景緻中，荒誕不經的想像接踵而來。

一回到現實，就看見興高采烈地小口啜飲著威士忌的偽善。此後，來自世界各國的人開始嘰哩呱啦地交談。這是在地球的另一端和珍視的朋友，以及今天初次見面的人們圍在一起飲用的威士忌。溫暖的笑容在寒冷的冰上飛來飛去，如同漂浮著海豚的天空，現實中也充滿了浪漫。

突然很感謝出來旅行的自己。我想要成為像這樣總是懂得享受風流韻事的悠閒之人，想要成為感動的人，想要成為懂得珍惜消逝的事物、懂得感恩擁有的事物，以及活在當下的人。這些思緒雜亂無章地冒出來。若是這樣的時間可以堅實地層層

堆疊起來，彷彿就能形成專屬於我的冰河，並帶著令人心滿意足的藍色。

沉思了好一陣子，陶醉在自我的世界裡，然而我的口腔好像處於不同的情境。因為一口一口將冰涼的威士忌喝完了，體內熱呼呼的，但身體卻瑟瑟發抖。正在高喊著它迫切需要熱騰騰的馬鈴薯排骨湯。一點都不浪漫，嘖。儘管我的頭腦和食慾已經一起生活超過三十年了，彼此仍然無法合作。我急忙將焦糖餅乾塞到嘴裡吃掉，然後大聲地喊：「導遊，請再給我一杯！」

最棒的脫離常軌

阿根廷，布宜諾斯艾利斯

將Google翻譯機轉了過去。

如果到早上我都還沒回來的話，就去報警吧。

如果我這樣對房東說，他會不會阻攔我，叫我不要去？先留個紙條嗎？還是乾脆不要去？

一個月前，偽善決定去哥倫比亞旅行，而我決定暫時住在阿根廷的布宜諾斯艾利斯生活看看。今天是和偽善相見的前一天，也是獨自在這個地方度過的最後一個夜晚。我想嘗試這段期間因為恐懼而摺得整整齊齊並收好的脫離常軌。也就是，我想去人們跳米隆加[11]的俱樂部。

在這個探戈的故鄉，到處都是米隆加。我熱愛探戈音樂如同熱愛自己的身體，這樣的我，在停留於此地的一個月期間，不可能沒去看過米隆加，然而，我今天要去的地方，稍微有點不一樣。它與一般播放音樂的米隆加俱樂部不同，「Maldita Milonga」有小型管弦樂團直接在舞池旁邊進行演奏。竟然可以一邊聽著現場演奏的探戈樂曲，一邊觀賞跳舞的人，絕對是百分之兩百能讓眼睛和耳朵同時享福的地方。

但這趟外出有一個問題，就是小型管弦樂團要晚上十一點後才開始演奏。就算店門一掛上營業中的牌子就衝進去，立刻沉醉在探戈三昧境裡，只是短暫地沉醉其中，出來的時候也差不多十二點了。要在這個時間回旅館，就只能搭計程車了。

在夜晚燈火通明且治安良好的韓國，大概要到凌晨兩點才會覺得有點晚了。但是出來旅行之後，只要太陽下山，我就會盡量避免外出。對我來說，這裡是個不太熟悉的城市，對他們來說，我是個顯眼的外國人。加上現在沒有偽善，我只有一個人，身陷危險或遇到犯罪的機率很高。如果想將父母賜予的身體照料得完好如初並返回家裡，我認為最好是待在房間的床上整理今天這一天。

正因如此，我才一直拖延到現在，明天就得前往伊瓜蘇和偽善見面，那不就只剩下今天了嗎？不曾煩惱超過五分鐘的人，因為好久沒像這樣煩惱了，所以很快就肚子餓了。暫時將煩惱收起來，從冰箱裡拿出兩塊牛排肉，然後將表面烤至金黃。

猶如吃煎餅就要喝馬格利酒、吃血腸湯飯就要喝燒酒，不知不覺中，我的左手

---

⑪ Milonga，是一個音樂及舞蹈術語，指的是南美洲（尤其阿根廷、巴西、烏拉圭一帶）一種風格近似探戈的流行舞曲的音樂形式。

已經拿著一杯紅酒了。這是很理所當然的順序。我在酒精聯盟中，就像瑞士名牌手錶一樣，是個絲毫不差的精準之人。一小塊牛排配一口紅酒，片刻不停歇地吃著，不知不覺盤子已經空空如也，葡萄酒也剩不到半瓶了。我又開始思考了起來。

都已經來到這裡了，如果喜歡的音樂以現場演奏的方式演出，我卻連一次都沒聽到就離開，似乎會後悔一輩子。酒先生的力量還真是強大，它竟然讓我對於一整天都在反覆苦惱的自己感到羞愧。突然間，原本沒有的勇氣沸騰了起來。彷彿只有這一瞬間，我才能和不良分子面對面搏鬥似的。甚至還有好像可以在舞池中間，配合著探戈舞曲大跳狗腿舞的粗鄙勇氣。是啊，先出發再說吧。

我穿上所有衣服中看起來最端莊的衣服（其實就只是有洗過的衣服）。目前為止都很順利，但是等到真的拿起錢包了，我又開始顧慮重重。

「到底該帶多少錢去呢？把所有的錢都帶去又有點不放心。入場後喝飲料的錢、回來的計程車費，中途遇到壞人的話，需要適當地給一點錢。這時候要一副一點都不覺得可惜的樣子，心情愉悅地把錢全都給出去，轉身之後再悲憤交加地哭泣，這種事情我已經很熟悉了。」

凡是有概念的不良分子，只要搶到滿意的錢，應該就會大發慈悲放人回家吧？世界上所有人的心理應該都差不多吧？我想要放入比「萬一他們因此生氣而傷害我」還要多的金額，但同時又要比「上繳之後會心痛得臥病在床」還要少的金額。我把精心計算好的金額塞進口袋，心滿意足地出門了。

十點五十分，我抵達今天的目的地 Maldita。這個時間已經可以先進去找個位子坐下，準備享受小型管弦樂團的演奏。雖然我想假裝成每天晚上都有來的樣子，從容不迫地走進去，但四肢是不是變成同手同腳走路，我自己都搞不清楚了。

舞池裡已經有很多人正配合錄製好的音樂跳著探戈。我點了一杯琴湯尼，自然地融入在他們之間。原本還以為現場演奏的米隆加會很嚴肅，因此對自己休閒樸素的衣著感到有點羞怯，但令人意外的是，也有很多情侶穿得很隨性。我一邊偷看他們有節奏地你來我往、我退你進的腳步，一邊啜飲琴湯尼。不知不覺已經十一點十五分了，小型管弦樂團還沒登場。座位逐漸坐滿了人，舞池裡跳舞的人也越來越混雜，這是怎麼一回事啊？俗話說來得早不如來得巧，該不會今天恰好沒有演出吧？不可以，你們這些傢伙。事到如今，我已經無法再來了啊。我都急得像熱鍋上的螞蟻了，你們還不快點開始！

不該想這麼多，早該來看看了嗎？像個笨蛋一樣，竟然因為害怕而推延了。不，令人害怕的事還是很令人害怕啊。在時間更晚之前，趕快回去吧？現在走的話，說不定還能搭到公車？

正猶豫要不要回去的時候，十一點三十分，伴隨著明亮的燈光，小型管弦樂團終於登場了。看到他們總共九個人的組合，「咕嚕」，我不自覺地吞了下口水。伴隨著貫穿寧靜空氣的掌聲，演奏開始了。溫柔的鋼琴、悲鳴的小提琴、淡定的大提琴、療癒的貝斯、吟唱的手風琴、在朦朧燈光下搖擺的人們、薄薄地覆蓋在紅酒上的琴湯尼香氣。在布宜諾斯艾利斯的最後一夜，深深地滲入耳裡、眼裡及舌尖上。

雖然曾因為不確定小型管弦樂團是否登場而焦躁不安，並為此感到筋疲力盡，幸好跑到舞臺中間展現舞姿的勇氣已經平息下來了。暫時將理性放到桌上，沉浸在探戈裡的時光，一下子就流逝了。十二點了。努力地催促自己，然後站起身來。

不久前還充斥在整個腦袋的音樂聲逐漸遠去，變得只在耳邊嗡嗡作響。輕輕地拂去遺憾，走在巷弄間，無意間和三名男子對視。這麼晚的時間，在這樣的場所出

現觀光客，確實有點怪。當然，他們有可能是因為好奇才瞄了我一眼，但說不定他們心懷不軌，因此我的心臟撲通撲通地猛跳。我快步走出小巷弄，感覺人們全都只盯著我看，甚至覺得後頸寒毛直豎。

幸好我運氣不錯，馬上就攔到計程車了，但是，從現在開始，我再次緊張起來。我盡量自然地說出地址，假裝一點都不緊張的樣子，緊抓住又抖又晃的膝蓋，同時用鼻子哼歌。我用事先下載到手機的地圖開啟 GPS 定位，發現司機正常地往旅館的方向行駛。呼。

下了計程車，走斑馬線穿越馬路，一直到將鑰匙插入玄關門的瞬間，我都覺得有人在偷看我，身體不由自主地蜷縮在一起。喀答，打開門鎖，一踏進旅館，酥麻感和刺激感同時湧了出來。

終於完成旅行以來最棒的一次脫離常軌。脫掉因為緊張而感到沉重的鞋子，為了慶祝平安歸來，我倒出剩下的紅酒。心臟還在怦怦亂跳。我再也不要獨自做這種須承擔風險的事情了。

明天好像可以毫無留戀地離開這個城市了。

擦身而過的後悔

阿根廷，伊瓜蘇港

啪噠啪噠，吱咿。

因為面對牆壁躺著所以看不到，但我本能地感覺到了。有人走進這間只有我獨自躺著的房間。

我和帥氣決定分開一個月各自去旅行，然後在阿根廷的伊瓜蘇碰面，這裡是伊瓜蘇的旅館。我比帥氣早一天抵達，因此先找了地方住。這是十六人房，當然是「男女混宿」，這是我們旅行時最常選擇的住宿型態。不分性別，盡可能地「塞」進更多人，因此房價最便宜。但或許是淡季的關係，房客就只有我一個人。我正好覺得空蕩蕩的十五張床有點陰森冷清。

我心想，太好了。而且好像還是個男生，哦呵呵。要來談一場做作的戀愛嗎？我帶著羞紅的心轉身一看，視線的盡頭是一位剛邁入老年的爺爺，正燦爛地笑著。我想也是。就我這種八字，憑什麼做令人臉紅的想像啊？

然而失望也只是暫時的，我立刻露出微笑。爺爺笑得很燦爛的模樣，似乎讓房間的溫度足足上升了三度。笑臉是萬國通用的超級通行證。爺爺，合格！

評價室友是在接連不斷的多人房生活中養成的習慣。與人種、國籍、年齡、性別、語言、價值觀、生活習慣各不相同的陌生人住在同一間房間，不是只有帶來開心、感謝、幸福的經歷。如果不小心誤闖禁區，可能會因為聞到臭得令人埋怨自己鼻子的體臭而窒息，或是晚上被迫參加氣勢磅礡的鼾聲音樂會。也遇過很多沒禮貌的人。和帥氣一起替室友打分數是我們的小樂趣，也是專屬於我們的防禦方式。

爺爺自我介紹說他是來自俄羅斯的「亞歷山大」，他似乎是想鞏固自己和藹可親的第一印象，所以投出了一記直球。

「你吃飽了嗎？」

怎麼會這樣？感覺好溫暖。這瞬間，幾乎是餓了一整天的腸胃，正好淒涼地播放出汽笛聲。難道他聽見了嗎？雖然很想捍衛那無謂的自尊，但實際上說出口的卻是「我肚子好餓」。本能總是先於理性。接著，餐桌瞬間就擺放在我面前。雖然疲憊不堪，但飢餓還是比疲勞略勝一籌。

愉快的用餐時間結束之後，他就一直纏著我，已經邁入第三個小時了。爺爺的話很多，用話很多還不足以來形容。話的聚寶盆、話的瀑布、話的傳令使，哈……我需要更強烈的比喻，但鄙陋的詞彙能力卻到了令人嘆息的地步。重點是，我完全聽不懂他說的話。來自俄羅斯的爺爺，只有偶爾幾句話是英文，大部分都是說西班牙語。對著聽不太懂西班牙語的我，爺爺豪邁地大笑，還說要直接教我西班牙語，問題是，他要用西班牙語教西班牙語。

我無奈地接受著話的子彈，他卻突然說要泡瑪黛茶給我喝。是的，爺爺的另一個特色就是說話的主題不停地跳來跳去。總之，所謂的瑪黛茶就是被稱為南美洲綠茶的那個茶！正好我很好奇這種茶的味道。喝了一口泡好的茶之後，我做出比實際感覺到的味道還要浮誇約一百萬倍的反應。這是為了替此次對話畫下句點的我個人的雄心壯志。飯後的飲茶就代表要替約會做個結尾吧？希望這個常識性的觀念在阿根廷也通用。

於是，接下來的四十幾分鐘，我被迫聽取有關瑪黛茶的「瑪黛基本理論」課程，從歷史一直到種類、飲用方法、正確的工具使用方法等等。

如果是同齡朋友，就可以用「喂，你話太多了！」痛快地毒罵他一頓，但是現在卻不能這麼做。到底是多想要有說話的對象才會這樣呢？我想起了在海洋彼岸的媽媽，她只要和我通話就會滔滔不絕地說這說那。然而，對於聽不太懂的話，還得做出反應，真的快把我逼瘋了。

第二天，帥氣抵達了。在她進入旅館之前，我先告知她注意事項。比起時隔一個月後重逢的喜悅，這件事對我來說更重要。帥氣露出「話有這麼多喔？」的表情，我帶著她走向戰場。帥氣一登場，爺爺似乎非常高興，立刻找來紙筆，用自己的母語俄文寫下我們的名字。好像不管什麼都好，就是想給點東西的心意。因為很感謝如此溫暖的心意，我們也用漫畫與以藝術字寫成的爺爺的名字做為回禮。

然後，一個小時、兩個小時……原本帶著笑容的帥氣，嘴角開始微微發抖。大約在超過三個小時的時候，我們開始摸索各自的突破口。露出感到無聊的神情、簡短的回答、打哈欠、假裝有人打電話來（在南美竟然還會有人打來，這有點太誇張了），最後，我和帥氣用眼神交換某種信號之後，使出了一決勝負的險招。

「太睏了，必須去睡了。」

雖然是強而有力的一擊，但有個很大的瑕疵，就是我們並不睏。而且很悲傷的是，時針才指向八而已。儘管如此，我覺得沉默的修行還是比較好，我轉身面向牆壁躺好，眼睛睜得大大的，眼球一直轉來轉去，就這樣過了一個多小時。吱咿，啪噠啪噠。身後傳來腳步聲和開門聲。太棒了！爺爺出門了！即使門關上了，我還是等靜默一段時間後，才小心翼翼地轉過身。我和對面床上露出一雙眼睛往棉被外偷瞄的帥氣四目交接。我們一對到眼就爆笑出來了。哈，我們到底在幹麼啊。

從此以後的幾天，不管我們在哪裡，爺爺總是能找到我們，然後向我們搭話。在廚房吃著什麼東西的時候，他就冒出來說：「在吃什麼呀？」躺在旅館泳池邊，他就開砲說：「很熱吧？」偷偷走到外面的陽臺坐著，他就一邊說著：「要吹風嗎？」一邊拉張椅子坐到我們旁邊。甚至在村莊的巷弄裡……他怎麼會像個鬼一樣，到哪裡都可以找到我們呢？一旦開始說話，基本是三十分鐘。如果無法打斷，就會是三、四個小時的苦行。

結果，我們產生了「亞歷山大觸角」。只要聽到爺爺要走進房間的腳步聲，我們就會立即停止正在做的事情，直奔到床上。有必要做到這種程度嗎？雖然對此感到有些慚愧，但我們也沒別的辦法了。對著聽不懂的話不斷地微笑、點頭，是一個比想像中還要費力的勞動工作。

就這樣，在不能隨心所欲地使用的房間住了四天之後，發生了有史以來最不得了的事件。凌晨六點左右，爺爺叫醒了正在睡覺的我和帥氣。這是真的在睡覺。勉強睜開睜不太開的眼皮，眼前放了一杯瑪黛茶。一大清早，拿什麼瑪黛……那一瞬間，這段期間累積的壓力，全部混在一起爆發出來了。爺爺眨了眨不用張大就很大的眼睛，他閉上眼睛又睜開眼睛，注視著我和帥氣許久，然後走出房間，什麼話也沒說。直到深夜他都沒有回來。

接著，第二天。睜開眼睛一看，不知道怎麼搞的，總覺得房間空蕩蕩的。一起床先觀察爺爺在不在已經變成了一種日常，到處都沒看到他。環顧四周，才發現包括背包和睡袋，爺爺的行李全都一起消失了。然後，我們發現床邊有一個裝滿東西的袋子，被孤零零地放在那裡。

啊……這是瑪黛茶套組。全都是爺爺非常愛惜的東西。他曾一個個地說明品種的茶葉、可以裝熱水的保溫瓶、材質極佳的茶杯，甚至還有可以增添茶風味的竹製吸管。爺爺將這些東西全都留給我們，就這樣突然地離開了。

羞慚、抱歉、愧疚等情緒交織在一起。我竟然對著爺爺最後遞出來的東西，露出極度不耐煩的表情。道別的話一句也沒說……我只是呆呆地撫摸著瑪黛茶套組好一陣子。房間裡很安靜，第一天的空虛感突然襲捲而來。彷彿我又是一個人躺在這間十六人房裡似的。這裡，原本就是這麼寬的房間嗎？曾經充斥整間房的「話語」、有氣概的「腳印」、不斷吱呷響的「門聲」、豪邁無比的「笑聲」不見了。爺爺，不在了。

爺爺的瑪黛茶，一起喝的時候，明明就是苦澀中帶著甜味，爺爺不在之後，每次喝他留下的那個茶時，都覺得極為苦澀。

那套又大又重的瑪黛茶套組，我們一直提著它到巴西。雖然對背包客來說是麻煩到不行的物品，但我們卻無法將它丟棄。活到現在，究竟和多少人像這樣擦肩而過，到底要經歷多少後悔才能成為帶給他人溫暖的人？時時刻刻提醒著這些事情的，除了存在感強大的瑪黛茶套組之外，沒有其他老師了。

亞歷山大，他對我來說，真的是一個壞男人。

因為他仍留在我心裡，隱隱作痛。

博尼塔，博尼塔！

巴西，博尼塔

從阿根廷的伊瓜蘇很自然地穿越到巴西的伊瓜蘇。從古巴開始的中南美洲之旅，現在來到替結尾做裝飾的巴西了。

在這寬廣國家的眾多地區中，要去哪裡好呢？想著想著，腦中突然浮現那對情侶推薦的旅遊地，就是參加摩洛哥撒哈拉沙漠之旅時，我們把駱駝讓給他們的情侶。倫索伊斯、熱里科阿科阿拉、加利紐斯……搜尋之後發現全部都在北部地區。查看有沒有離我們所在的南部稍微近一點的地方時，發現了一個叫博尼塔的地方。搭公車大約要十二個小時？在南美洲這裡，十二小時等於是在村子裡散步而已。很近！我們去那裡吧！

聽說博尼塔有一條世界上數一數二的清澈河流，而且那裡的浮潛很有名。不是在海裡而是在河裡的浮潛，真新奇！在 Rio da Prata 和 Rio Sucuri 這兩個地點中，我們選擇去 Rio da Prata。旅遊公司告訴我們，由於每天可以進入河裡的人數及浮潛的人數是有限制的，所以沒有辦法取消。還再三強調，為了不讓水質受到汙染，所以禁止擦防曬油。哇，巴西，這個國家的自然保護做得很讚欸！

前往 Rio da Prata 的那天早上，天空很陰暗，天氣要夠晴朗才會呈現出美麗的樣貌啊。心不甘情不願地坐上廂型車，然後抵達河邊。河看起來是很清澈沒錯，但是，它就只是一條在森林裡的河罷了。天空中烏雲密布，一點陽光也沒有，總覺得這條河很陰森。一邊抱怨著為什麼會推薦這種地方，一邊戴上泳鏡，接著輕輕地將臉放進河裡，一個夢幻的世界立刻展現在我眼前。

「哇！這是什麼啊！」

我急忙把臉抬離水面，催促偽善趕緊把臉放進去看看。過了一會兒，她抬起臉來，滿臉雀躍，跟我一樣興奮到不行。欸，那對情侶真的很會推薦耶！我一心只想趕快下水。導遊請大家圍成一圈，然後檢查裝備，接著展開為了享受這個活動而進行的教育訓練。只不過是戴上泳鏡並且利用管子呼吸就可以的浮潛，有什麼好教育的？好想趕快出發……然而，需要遵守的事項竟然出乎意料的多。

第一，只能用手臂！轉換方向要用手臂。不可以做出踢腿的動作。

雖然主要的原因是，如果前面的人用腳踢水而使地面的泥土漂浮上來，跟在後面的人就會看不清楚，但也有部分原因是為了避免威脅到住在河裡的魚。

「千萬不要認為你一個人踢一下並不會怎樣。一、兩個人做出這樣的行為，一天一天累積起來，最後魚就會離開這個地方了。我們只是為了觀看牠們才暫時來到這裡，因此不可以破壞牠們居住的地方。」

聽完導遊的話，我不自主地點點頭。

第二，出發之後，從開始到結束都必須浮在水面上移動！

這是為了保護河床的環境。如果浮潛專用的呼吸管突然進水，有可能會因為慌張而想要踩在河床上站起來，這時候，只要像游仰式那樣將身體翻過來，將裝備脫掉並冷靜地把水排除，然後重新開始浮潛即可，他邊說邊示範給我們看。

最後，絕對不可以摸魚！這是非常理所當然的事。

他們利用自然作為觀光商品的同時，也盡可能不帶來損害。旅遊公司從職員到導遊，全都異口同聲地強調要保護自然。心裡莫名覺得感動。所有人先在極為寬廣的區域內各自練習漂浮、練習用手臂轉換方向、練習移動漂浮中的身體，練習完畢後才以最前面的導遊為首，依序進入剛才看到的夢幻世界。

原來所謂的養眼就是這種事情啊。在葡萄牙語中意為「好看、漂亮、美麗」的博尼塔，真是個名符其實的地方。簡單來說就是水中庭園，眼前的綠色水草就像草坪一樣鋪得到處都是，水草之間有稱為「Brycon」的魚，帶著牠的銀色鱗片和橘色尾巴到處游來游去。由於水不深，地面的草叢直接映照在水面上，祖母綠的水色和草叢色感覺很協調。

這裡是即使說有美人魚居住也會有人相信的神祕世界。這裡真的是世界上實際存在的地方嗎？將臉露出水面，就看到了熟悉的景象。到處都是毫無特色的樹枝、河水以及陰暗的天空。一把頭放進河裡，另一個世界再次展現在眼前。因為是在河裡，所以就算身體靜止不動也會自動漂流，完全不需要踢水。這裡反而是讓人想用手臂由後往前揮動，盡可能降低移動速度的地方。這裡夢幻到連緩慢的河水流速，都令人覺得冷酷無情。只要像身處宇宙那樣，自在地放鬆全身及呼吸，美景就會從四面八方擦身而過。不僅是我，或許是之前的遊客也都有遵守專屬這裡的禮儀，所以魚並不害怕人類。好像只把我們當作是巨大的魚類，毫不在意地遊過我們身邊。

在這種多雲的陰天之下，還能如此夢幻，如果天氣很好的話，又會是怎麼樣呢？我變得也想去 Rio Sucuri 了。但問題是只有地點不同，景觀應該差不多，而且必須再花一筆錢。我向偽善提起這件事，結果她毫不猶豫地傳來 OK 的信號。平常對錢斤斤計較，但是這種時候我們又合拍到不行。

一邊確認未來一週的天氣一邊挑選日期。在所有陰天符號中，就只有一天高掛著太陽。好，就決定那一天去了。

當天早上，天氣又陰陰的。遇到好天氣的運氣大概是被拿去換成麥芽糖吃掉了吧。收起期待前往 Rio Sucuri，雲層開始慢慢散去。似乎是各種祈禱和急切的辱罵起作用了。熟練地穿上裝備，一抵達出發點，就不由自主地發出驚嘆。這是水沒錯

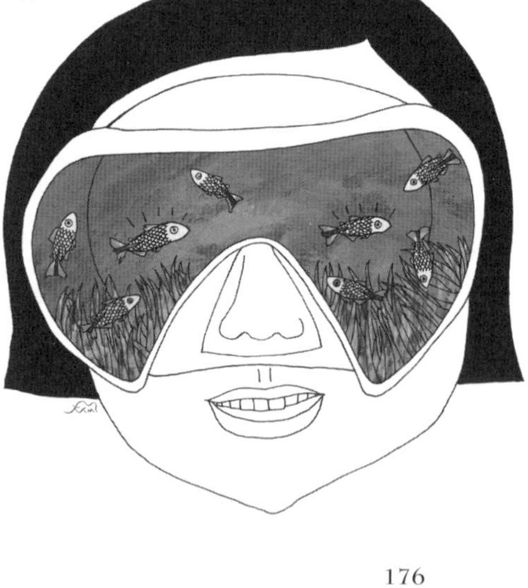

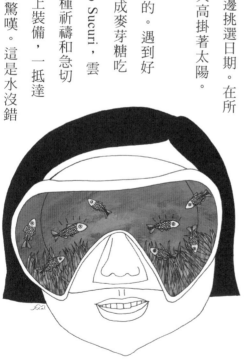

嗎？因為實在太透明了，我倒抽了一口氣。清新的草叢和透過水波反射出來的殘影，正在那清澈透明的下方搖曳蕩漾著。跟預期的一模一樣，晴天之下的河水更加晶瑩透徹。雖然水的流速比 Rio da Prata 還快，卻也是另一番享受。已經看過一次所以覺得有點膩的時候，就把身體轉向太陽，讓身體隨波漂流。

盡情地感受美麗與自由。我發自內心地對推薦此地的巴西情侶吟詠：「博尼塔，博尼塔！」

草莓田的眼淚

澳洲，卡布爾徹

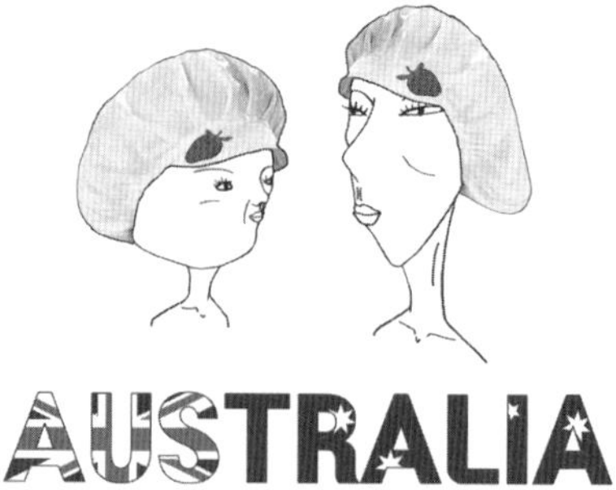

我被手機鬧鈴驚醒，並睜開眼睛。用腫脹的手不斷地搓揉乾燥的臉，藉此趕跑睡意。急忙將超市裡最便宜所以選擇買下的麥片和鮮奶一起吞下肚。這個快遞箱子的味道，不管怎麼吃還是沒那麼輕易就習慣。雖然沒有要給誰看，但禮貌上還是要刷牙洗臉，把睡意擦拭乾淨。將昨天脫下放著的衣服撿起來並直接穿上。打開冰箱，裡面塞滿假日做好的便當，拿了兩個並隨便丟進包包裡。坐上房東太太的車，前往草莓農場上班。

不斷地包裝著永無止境般源源不絕湧入的草莓。拿出隨便亂丟在包包裡的便當作為午餐，接著又繼續包裝草莓。等到夜幕低垂，就回到家裡，用熱水將沾附在身上的草莓味去除。雖然肚子很餓，但這個時候，連飢餓都令人感到厭煩。連煮一包泡麵來吃都嫌麻煩，隨便灌了兩瓶啤酒就直接入睡了。然後，手機鬧鈴，再次響了起來。

我們來到澳洲，暫時將每天都是嶄新之日的旅行收起來。旅行之前，為了解決旅費用完的狀況，我們有先申請打工旅遊的簽證。為了把花光的旅費賺回來，我們開始到草莓農場上班。而且就跟預料中的一樣，每天都是不斷反覆的日常。

那一天也沒有什麼不一樣的事情。

往返於家與農場之間，我正在等待先進去浴室洗澡的偽善洗完。我躺在床上，無意識地滑著手機。因為日常生活很無聊，上網的時間就變長了。正當我到處尋找有沒有什麼有趣的或刺激的東西時，偶然間看到了一個悲傷的故事。眼淚撲簌簌地流了出來。

正好洗完澡走進房間的偽善嚇了一跳，追問我發生什麼事了。嘟嘟囔囔地說著看到的故事，突然又哽咽了起來。我試圖鎮定下來，但是一開口就立刻爆哭出來。偽善帶著驚愕的眼神站在一旁，我無法說明突然爆哭的原因，只能嚎啕痛哭，甚至哭到橫膈膜都在一抖一抖地跳動。經過了一段不明所以的時間之後，我說了一句令人更加費解的話。

「我為什麼會這樣？」

只不過是看了一個稍微有點感人的故事罷了，為什麼眼淚會流個不停。應該還不至於會哭到停不下來的程度呀。我不懂我的身體，也不懂我的內心。這肯定有什麼原因，我仔細地回想。這是在不論哪一天都很相似的每一天、在相差無幾的日常中，裂開的小小情緒裂縫，時間要追溯到幾天之前。

草莓農場裡有各種國籍的同事。坐在我座位後面的是一位身材矮小的臺灣朋友，她的特色就是，為了排遣無聊，會播放輕快的歌曲，並且響徹整個工作場所。令人驚訝的是，那天播放的是 BIGBANG 的歌。強烈的節奏和快速的 Rap 充斥整個空間，大家都隱藏不住扭動的屁股，開始搖擺起來。在那個順著耳朵流淌的輕快節奏中，我停下包裝草莓的機械式手勢，然後開始思考。

「G-Dragon 正在做什麼呢？應該在創作自己想做的音樂吧？真羨慕。」

怎麼突然間羨慕起他了？難道是因為在異國賺取外匯，而對 K-POP 產生思鄉情懷了嗎？還是我也有想要成為偶像明星的夢想？

不是的。關鍵字是「想做的」和「創作」。我活到三十歲，這是第一次長期工作只以「錢」為目的。連如草莓籽般的小小想像力都不需要，忍受著反覆性工作的枯燥乏味，真是一件苦差事。不是「想做的」而是「要做的」工作，不是「新創作出來的」而是「照樣跟著做的」工作。在這裡，無論何時，即使我消失了，也不會對農場造成絲毫打擊，我只是一個「可以被代替的人」而已，這個事實的重量變得越來越沉重。

活到現在，當人生遇到許多條岔路的時候，比起金錢，我大部分都會踏上內心嚮往的地方。完全沒有多加思索。只要看起來很有趣，我就去嘗試，要是失敗了，就收拾包袱走人。幸好還能餬口飯吃。比起未來和過去，更忠於當下的每個瞬間。那段期間的我，是個不曾留意怎樣的工作很辛苦、怎樣的工作很快樂的人。不知道是運氣好，還是運氣不好，我並未遇到使我倒地不起、放聲大哭的嚴重事情。大部分的時光都很幸福，只有非常偶爾才會感到憂鬱。

不是說是為了瞭解自己才開始環遊世界的嗎？我卻沒有在旅行，而是為了再次去旅行開始包裝草莓，三十天後我身陷在包裝草莓的泥沼裡，我可以看見陷在深處的自己。當我永無止境地反覆做著相同的工作時，我找不到勞動的意義；當無法認定它為想做的工作時，我就變成了軟弱的人。在我活了三十年之後，我才察覺到這件事。自尊感轟然崩塌。

「原來我最近很憂鬱啊。」

偶爾會亂摔手上的草莓、用拳頭壓碎，這些連我也不懂的行為都是有原因的。那個夜晚，我用淚水將卡在喉嚨的憂鬱吐出來，折磨了偽善好一陣子才入睡。

難道在家裡漏水的水瓢，拿到田野裡也還是漏水嗎？淚腺無時無刻不在爆發。草莓包裝到一半，忽然感到喉嚨一陣哽咽，為了盡快擊退這些想法，我用手指甲捏了自己的肉。已經這麼努力了，眼眶裡還是滿滿的淚水，我怕淚水再也裝不住了，即使只是掉到桌上，我也會因為那個情景而更加悲傷。如果到了那種程度，就沒有辦法可以阻止了。只有迅速衝出去，不讓別人看到我哭泣的樣子才是上上策。

獨自站在寬闊的草莓田裡哭泣，因為身體散發出來的草莓甜味，引來了一堆蜉蝣。我想要一個人盡情地哭泣，卻沒那麼容易。我一隻手驅趕蜉蝣，另一隻手將眼淚擦乾。哭了一陣子鎮定下來之後，想要走回工作場所，一邁出腳步，眼淚就再次流出來，鎮定之後只要一移動腳步，就會再次爆哭，不斷地重複著哭了又停、停了又哭。

我想起了父母。我是指沒辦法像別人那樣學習，為了養育我和哥哥，必須選擇勞力工作的他們的生活。媽媽、爸爸也會像我這樣避開大家偷偷躲起來哭泣嗎？想要好好休息幾天的時候、厭煩到忍無可忍的時候，也會為了賺取女兒的補習費而撐過每一天嗎？不想做也「必須要做」的生活重量，那該有多沉重啊？我現在不過是照顧自己一個人而已，只是為了我自己想要的旅行而賺錢，就說很累，然後像這樣倒下了……

大哭一場之後，我好想蒸發在炎熱的澳洲空氣裡。我想暫時流浪到一個既不用煩惱也不用受苦的地方。但是我費力地抬起頭，草莓田又再次出現在眼前。這個就是現實。必須馬上回到工作場所認真賺錢才對，重新開始包裝草莓後，就覺得心口附近有一團火球在燒。逐漸延燒到肺部的氣息甚至逼近到喉嚨了，好像我再不大喊一聲的話，整個人就會燒之殆盡。不知道該辭掉這份工作去找其他工作，還是創造沒錢的旅行方式，我連做判斷都沒把握。

彷彿我是世界上最可憐的人似的，一有空檔就跑到田裡大哭，一連好幾天，不知道偽善是不是看了覺得心疼，她說不能再這樣下去了，一起去找找其他工作吧。她也是在異鄉工作受累啊，一想到我在默默工作的人旁邊無病呻吟，我的臉就變紅了。儘管如此，人生中第一次經歷到的這種憂鬱感，還是讓我一把抓住她的提議。只要不是這個工作，好像不管做什麼我都能認真做好。

然而，這一瞬間，腦海突然閃過一個想法：「這是逃避就能解決的事情嗎？」如果因為此時此刻撐不下去，就此逃避的話，好像會成為一個很差勁的人。想起為了我而忍耐的父母，我便對自己感到羞愧。胸口的火球將我燒得精光之後，無論會變成木炭還是鑽石、會變得易碎還是更加堅硬，我都想堅持到底。苦思良久之後我下定了決心，我要在這裡工作到草莓季結束為止。

當然，由於人生並非電視劇，所以即便像開朗的女主角一樣戰勝苦難並下定決心，情況也沒有什麼太大的改變。眼淚還是依約上門，而我也一定會衝出去嚎啕大哭。如果硬要說有什麼不同之處，那就是我接受了疲累的自己，停下眼淚並回到座位堅定地包裝草莓。

對我來說不怎麼樣的地方

柬埔寨，暹粒市

嗶哩哩哩。

因為鬧鈴聲，我開始摸索手機。凌晨四點半。旅行中會在這個時間起床的情況，就只有必須很早移動或申請了套裝行程的時候，或者是睡夢中突然急著想上廁所的時候。我可以非常確定，除此之外沒別的了。

今天在這個時間睜開眼睛的原因就是第二種，我們申請了吳哥窟旅遊行程。急忙做了最精簡的外出準備，其實也沒什麼要準備的東西。睡衣和外出服的界線已經模糊不清很久了。在睡衣上再隨便加一件衣服，以貓式洗臉法洗完臉後塗上防曬乳。結束。將護照、錢包和太陽眼鏡等等塞進輔助背包，凌晨五點，離開旅館。預約好的旅遊行程車輛正在待命中，這種車子又被稱為嘟嘟車（tuk-tuk），是東南亞常見的三輪計程車。是的，我們今天打算進行個人的旅遊行程。

離開好像要終身留在那裡賣命、如同牢籠般的澳洲，我們又開始旅行了。而且今天打算去看吳哥窟的日出，順道觀光。因為有專業導遊陪同的行程太貴了，所以我們決定像許多遊客選擇的那樣，先跟嘟嘟車司機談好日程，然後再前往遺址參觀。因此，事實上，與其說是旅遊行程，不如說是預約了個人計程車。選擇的標準也很單純，因為是最便宜的。嘟嘟車發動後隆隆作響，司機邊開邊問：

「要幾點來載你們？一點可以嗎？」

我和帥氣陷入苦思。那是可以參觀好幾天的地方，提到柬埔寨就一定會想到吳哥窟，聯合國教科文組織指定的世界文化遺產，但由於日程上除了今天之外沒有其他時間了，不管怎麼說好像都應該投資一整天才對。不過天色太暗會很危險……經過非常認真的會議討論之後，終於確定要參觀到下午三點。

不知道搭乘嘟嘟車奔馳了多久？天空從深濃的墨色轉變為冰冷的深藍色，然後再變為溫暖的藍色，不知不覺就抵達吳哥窟了。我們走進售票中心買門票，發現售票窗口有個神奇的系統，就是在現場拍攝遊客頭像，然後印在入場券上。看來這是為了防止黃牛票所做的措施。拿到入場券之後，我們暫時沉默了一會兒，然後好像約好似地，同時爆笑出來。喂，這是什麼東西呀？

由於我們已經到廁所照鏡子確認過狀態，所以也不期待會照得多好看。儘管如此，拍成這樣也太超過了吧？看起來好像剛開始賣黑糖煎餅的菜鳥老闆，生疏地用鍋鏟按壓沒有經過熟成的軟糊麵團，那種令人難以理解的模樣。我看了又看，無論是倒過來看還是翻過來看，都無法停止爆笑。即使看了很久，還是會產生新的笑點。我決定放到錢包裡好好保管，等到精疲力竭的時候、沒來由地感到煩躁的時候，就可以拿出來看一看，應該會得到許多安慰吧。

得到一張值得留下來當傳家之寶的照片後，我們終於站在吳哥窟的入口了。入口前面人山人海，那裡已經站滿跟我們一樣等待日出的人們。好位置都已經被占走了，我冷靜地環顧四周，在剩餘的位置中哪裡才是地理學上的風水寶地呢？正當我認真地評估時，定睛一看，發現所有人都正在吃著什麼東西。啊哈，為了凌晨就出門且餓著肚子的人們，附近的攤販正熱鬧蓬勃地營業中。果然，有需求的地方就會有供給啊！資本主義的魔法也毫不留情地在具有千年歷史的遺址中施展。既然如此，我們也必須順應潮流，擔任資本主義的一軸。

我們選定附近一家面相看起來最和藹可親的攤販，然後挑了兩個三明治。正要結帳的剎那，有個熟悉的東西進入了視線範圍。深藍色的身體上有著鮮明的銀色齒輪標誌，裡面還寫著鮮紅色文字。這個熟悉的既視感是？啊啊，那個是在過去半百年的歲月裡，負責消除韓國人民疲勞的保佳適能量飲料啊。彷彿看到身披太極旗的朴智星選手在世界舞臺上奔馳的情景一樣，內心感到無比欣慰。我引以為傲！接著本能地打開錢包。

我注視著吳哥窟並安靜地吃東西。具有千年歷史的遺址、三明治和能量飲料，乍看之下是非常不搭的早餐組合，但是馬上就要升起的太陽，即將替這個場面戴上令人驚嘆的濾鏡。懷著拍出一張攝影名作的野心，努力地平息飢餓感，一點一點地嚼著三明治。忍耐，等一下必須要拍照才行。

#帥氣的_組合#和千年_歷史_共度的_早晨

像這樣的主題標籤（Hashtag）不是很酷嗎？

正在慢慢品嘗已經受潮的麵包之間的餡料時，人群之間的空氣變得有些不同了。是太陽。太陽出來了，我反射性地抬起頭看，果不其然，遠處的寺廟頂端之間出現了紅色的氣息。所有人都拿著自己的零食，然後朝向遠方的那一點伸長脖子。我覺得像狐獴的人們比日出的景觀還要有趣，因為太陽的大小沒有想像中的大。等它再升高一點，應該就會變得很厲害了吧。

但是我立刻就把這個想法給收起來了。

「欸，你不覺得很像貼紙嗎？」

太陽如同小時候在筆記本上貼好玩的紅色圓形貼紙。我以為在吳哥窟升起的太陽具有覆蓋所有寺廟的壓倒性大小。它不僅沒有到達預期的水準，而且還是完全不同層次的大小，這種差異使我一口吃掉剛才捨不得吃完的三明治，還有保佳適能量飲料也是一口氣喝掉。

反正太陽每天都會升起來啊。有什麼特別的嗎？日出就這樣算了，現在該來去看看跟這一樣有名的寺廟了。

人們懷抱著各自的意志、熱情、喜悅和期待，一窩蜂地湧入寺廟，我們被包夾在他們之間。東南亞的炎熱可能是隨著太陽公公上班而開始啟動，我感覺氣溫已經急遽上升了。下定決心要以戰鬥的方式參觀也只是暫時的，我們很快就覺得精疲力盡了。一般來說，不管戶外氣溫再怎麼高，只要進到寺廟裡，都能感覺到一股涼意，但吳哥窟卻與此相反。即便如此，我們還是抱著「怎麼可以不去最有名的寺廟？」的想法，匆匆忙忙地朝那個地方走去。

跟大部分的東方寺廟一樣，這裡也有特殊的服裝規定。遮住肩膀的上衣，以及長度超過膝蓋的下著。如果是寒冷的天氣，這種服裝會大受歡迎，但是在這個宛如蒸籠的亞熱帶氣候之中，真的令人感到很困窘。幸好在網路上看到某個有相同煩惱的人分享了他的妙計，上衣可隨身攜帶薄的開襟羊毛衫，然後只在入場的時候披上，下著則是用大條的圍巾或披肩遮住下半身，然後將兩側綁起來，偽裝成長裙的樣子，這樣就能入場了。哇，真是了不起的主意！

站在寺廟前長長的排隊人龍中，披著羊毛開襟衫及穿著由圍巾製作而成的裙子，突然有人走過來搭話。他說穿這種服裝不能入場。怎麼會？心慌意亂之下我反問他為什麼，他一臉不耐煩的樣子並冷漠地指向某處，那裡明確地表示不能以披肩或圍巾遮蓋下半身的服裝入場。哈，似乎是最近才產生的規定。登愣。一想到在宛如蒸籠的炎熱之中，穿著長袖長裙等待的時間全都化為泡影，突然覺得怒火直衝而上。當然體力也已經枯竭了。不管是在悠久的歷史現場還是什麼，我只有想從歷史中消失的感覺。

帶著厭世的心情看向帥氣，我發現她呈現一個瞳孔已經失焦很久的表情。我悄悄地開口：「要待到三點好像有點勉強？」

因為這句話，帥氣的眼睛立刻變得有神。不用說任何話我也能理解她強烈同意的意思。但我們已經跟嘟嘟車司機約好三點見面了，不是嗎？沒有可以聯絡的手機，也沒有他的聯絡方式，這種情況下，該怎麼辦才好？

抱著或許的心情，我們走到他一開始放我們下車的地方。然後我們在那個地方的嘟嘟摩托車上，發現了以帥氣的特技姿勢躺著享受午睡的他。看來這裡仍然是個沒有手機、沒有聊天軟體也能找到某人的世界。小心翼翼地把他叫醒，然後告訴他我們現在就想要回去了。他一臉見怪不怪的表情，問我們要不要去附近的水上市場。他說那裡很值得一看。但我們一口回絕了。

「請直接載我們回旅館吧。」

放聲大笑的他發動嘟嘟車，按照原路折返，出發時間是上午十點半。比他一開始提議的下午一點足足早了兩個半小時。心中的羞愧感和空虛感，以及對於老遠來到這裡卻連這個也不看就回去的一絲愧疚，都隨著吹拂過全身的風飛走了。

因為對大家來說很有名、因為對大家來說很有意義，但是沒道理對我來說也一定是這樣吧？

不知道為何心情變得輕鬆多了，滿滿的幸福感取代了煩躁。

被綑綁在路上

泰國，龜島

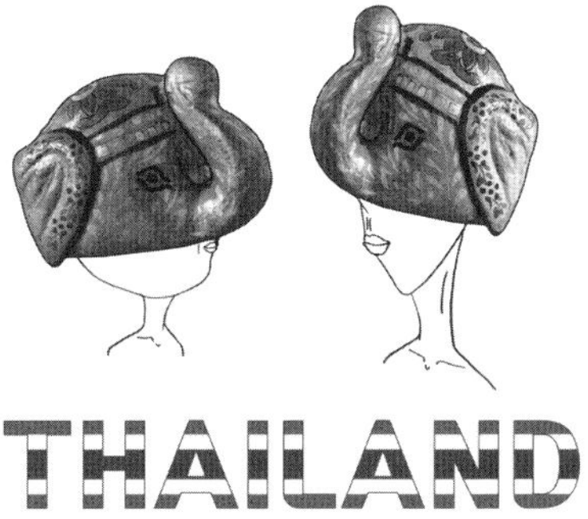

2:30 AM

從曼谷前往龜島的夜晚，我們正在搭公車。原本說要傍晚六點出發的公車，直到七點才發動，興高采烈地奔馳了四個多小時後，壯烈地中斷了這個行駛。然後，這已經是第三個小時了，公車還是無法動彈。放大一點來看，我們是被困在道路上，再放更大一點來看，我們是在曼谷和龜島之間的某處茫然地漂流中。

冷氣已經關很久了，在有如旋轉球燈的閃爍燈光之下，所有人都汗如雨下，散發悲壯美的氣息。包含司機在內的所有公車相關人員，都專注在整頓車輛及收拾殘局，也就是說他們因為過於驚慌失措，似乎忘記要進行廣播，向乘客說明一切。

因為東南亞超過四十度的酷熱，全身都被汗水浸溼了。原本將全身蜷曲在窄小的座位上睡覺，睡到一半卻發生意外事故，各國遊客像僵屍一樣醒了過來，同步騷動起來。然而，經過三個小時仍然沒有採取任何措施，大家立刻放棄並恢復平靜。

看著他們一個個走下車，毅然決然地癱坐在馬路上吃著三明治的模樣，讓我不禁讚嘆人類的適應能力。

出來旅行已經超過一年半了，仍然（認為自己）很單純、天真無邪的我們，堅信公車會在六點準時出發，因此為了趕車，我們連晚餐都沒有吃。下午喝的那一罐啤酒，大概就是胃裡全部的食物了，極為劇烈且令人想哭的飢餓感蜂擁而至。雖然三明治不是什麼味道很重的食物，但我好像沉醉在這撲鼻而入的香氣之中了。難道他們早就預料到公車會突然停駛嗎？不然怎麼能把食物準備得那麼周到呢？

啊，實在太餓了。自古以來的袍澤情誼不都是從戰鬥糧食中滋長出來的嗎？一顆豆子也要分著吃是韓民族的傳統，既然如此，我是不是應該去要個吐司邊呢？

明天早上，我會在哪裡呢？在龜島？還是現在這個位置？

心臟撲通撲通跳，感覺好刺激。

08:30 AM

伴隨著等待已久的引擎聲，座位好像什麼病發作似地開始朝四面八方晃動。原

本成為馬路地縛靈的公車，奇蹟般地復活了。時隔六小時。殷殷期盼的冷氣終於開始運轉了，大家齊聲歡呼。經過長時間休息後重新開始工作的冷氣，將乘客們過去六小時裡層層堆疊的汗臭味、體臭、狐臭傳送到公車的每個角落，在乘客的鼻孔之間流竄。沒關係。跟如同惡夢的昨天晚上相比，乘著涼風徐徐吹來的酸臭味，讓人感覺無比芬芳。

難道在雄赳赳氣昂昂地重新出發的公車上安心入睡就是禍根嗎？突然有人把大家吵醒。睜開沉重的眼皮仔細察看，發現有一名外貌酷似校外教學領隊的泰國大叔站在那裡。他好像在說明什麼東西，可惜沒有人聽得懂。包含聽不懂泰語的我們在內，所有乘客就這樣被這名突然出現的領隊拉下公車。幾乎是等同趕牛的服務水準。

莫名其妙地站在馬路上，有一臺如鼻屎般大小的迷你廂型車滑了過來。服務理念似乎是「硬派作風」的領隊，將許多完全搞不清楚狀況的人，以及比人還多的行李全都塞進那如鼻屎般大小的車子裡。要求說明的人逐漸變少，順從的人則逐漸增加。人們慢慢接受了反正聽到說明也聽不懂的這個事實。

狹窄的車內，令人費解的泰國民謠組曲正流淌在如行李般擠成一團的乘客之間。在這個讓人無言的車裡，唯一感到開心的就只有司機和他播放的組曲而已。我帶著半絕望的心情詢問還要搭多久，結果得到了我不願相信的回答，五個小時。我右半邊屁股要維持被擠壓成三角形的狀態五個小時……下車後還要搭船……

因為我們的目的地龜島是一座「島」，所以並不是只要下了這臺車就能到達的地方。雖然我們這些人類共同購買的「人生商品」有個特點，就是無法預測未來，但是，啊……今天我好想立刻到客服中心投訴，同時辦理全額退款。

放著舒適涼爽的家不待，我到底跑來這裡做什麼？

內心產生了本質上的疑問。

11:00 AM

我們被趕下迷你廂型車。說要花五個小時才會到，怎麼中途就叫我們下車，我們仍然沒有聽到任何說明。一起被趕下車的乘客們就被丟棄在這個不知道是雜貨店、或是超市、還是餐廳的地方將近一個小時。這個地方是哪裡？什麼時候才能回到車上？大約什麼時候可以抵達龜島？無論是哪一個問題，我都想知道答案。

乘客們似乎從過去的幾個小時中領悟到，不管再怎麼抱怨都無法解決現況。現在沒有一個人會抗議了。有人泰然自若地趴著享受午睡，肚子餓的人自然而然就走進不知道是雜貨店、或是超市、還是餐廳的地方買了杯裝泡麵來吃。帥氣坐在塑膠椅上放空，我則是將這個荒謬的情景裝進我的鏡頭裡。

人種、國籍、性別、年齡各不相同的乘客之間開始產生深刻的感情紐帶，我感覺袍澤情誼正在我們之間蔓延。集團性的超脫和解脫，就在此時此地，在泰國不知名的馬路上實現著。場面莊嚴肅穆。

究竟我們什麼時候才能抵達龜島呢？這真是耐人尋味的好問題啊。

1:00 PM

又過了兩個小時，忽然有個泰國女人走近被丟棄的我們。她帶著厭世的表情，告訴我們如果想要今天之內抵達龜島的話，每個人必須支付兩百五十泰銖的追加費用。哈哈哈，這又是什麼新奇的鬼話？搭乘到龜島的公車車費在上車之前就已經付清了。因為公車故障一事所造成的時間、體力、精神三方面的所有損害，光是請求賠償都還嫌不夠咧，什麼？追加費用？

剛才吃過杯裝泡麵的青年、趴著享受午睡的大叔，以及心不在焉地撫摸著茂密鬍子以打發時間的大叔全都站了起來。感受到集團性的挫折之後，他們立刻以各自的方式開始大發雷霆，異口同聲地對著可疑的泰國女人大喊不合理。超脫和解脫之地，不知不覺充滿了叫喊聲與用手指著別人罵的模樣。

不管了。我只覺得我想媽媽了。

2:00 PM

如往常一樣，這種爭吵總是有求於人的那一方會輸！所有人都付了追加費用，然後坐上另一臺廂型車。畢竟是我們被丟棄在這條不知名的馬路上，而且兩百五十泰銖也不是負擔不起的金額，再加上和那位連話都說不通、蠻不講理的女人爭吵，搞得大家都非常疲憊。將所有因素匯集在一起，就促成了這個不合理的交易。

在比早上搭乘的廂型車稍微大一點的如鼻屎般大小的車子裡，充斥著濃厚的挫敗感、委屈以及某種絕望。然後，我們終於抵達看得見海的碼頭了。雖然船要兩個小時之後才會出發，而且要搭足足三個小時的船才能橫越大海抵達目的地。但看到眼前的大海，不知怎麼回事，總覺得一定能去龜島。

看得見的希望隨著海水的起伏而翻騰。內心更加平靜了。

7:00 PM

到了。前一天說要傍晚六點出發的公車，超過七點才發動引擎，等於花了一分都沒少的二十四小時，整整一天的時間。我們到了當初買票時對方說十個小時就可以抵達的那個龜島。

海水的鹹味「呼」地擠進滿是灰塵的鼻孔。兩眼也流下了鹹鹹的淚水。

喝完這杯，就代表你要跟我交往！

泰國，龜島

伴隨著一聲巨響，船開始移動了。

如同匡噹匡噹的引擎一樣，心臟也撲通撲通地跳動著。

雖然假裝沒事，但其實從幾個小時前開始，胸口就因為緊張而感覺疼痛。現在是漆黑的夜晚，我們打算進入這個比天空更漆黑的大海中「夜潛」。雖然我長得很像是會搭雲霄飛車上班並且在鬼屋裡煮泡麵來吃的人，但其實我是集世上所有恐懼於一身的收藏家。懼高症、幽閉恐懼症、密集恐懼症、宇宙恐懼症、恐水症、深海恐懼症、黑暗恐懼症……將各種恐懼分門別類地放在大腦的文件夾裡，必要的時候會拿出來虐待精神的變態就是我。今天一次打開了恐水症、深海恐懼症、黑暗恐懼症三種文件夾。

大約十年前進行背包旅行的時候，我就取得潛水證照了。雖然是因為捨不得投入的費用和時間而堅持受訓到底，但結訓後我還是很怕水，所以我宣告再也不做這種事情，並從此將它棄置一旁。然而，氣溫超過四十度，令人想要立刻跳進水裡的泰國天氣，以及號稱為潛水天堂的龜島的名聲，便足夠讓那個決心出現裂痕。

如果想要戰勝恐懼，就必須進到那個恐懼裡面，不是嗎？旅途中也常常在水裡玩耍，由此可見，我對水的恐懼正在逐漸減少當中。正好和新認識的潛水員一起喝泰國的威士忌，他們向我們道盡了夜潛的偉大。

如果沒試過夜潛，就不要到處說你潛過水。

因為這句話，喝到微醺的我便豪邁地說出我要嘗試夜潛。哈……這次也只能埋怨酒先生了。就這樣，我不知不覺地站在這艘船上，轉動著無處可去的瞳孔。

在前往潛水地點的船上，指導員朗誦了幾個注意事項。

「今天去的地方是雙子石。雖然這一帶以美麗聞名，但由於視野將被局限於潛水手電筒的照射範圍，因此只憑靠視覺將很難確保安全。因為有可能會被海膽刺傷，所以膝蓋千萬不要跪到地面上。當我閃出兩次手電筒的光時，請大家關掉手電筒，浮游生物……」

原本就已經夠緊張了，聽到這些話之後心臟又跳得更快了。怦怦、怦怦。或許是察覺我心臟的跳動節拍了，沒有半點恐懼之情的偽善問我還好嗎。雖然我努力讓眼睛、鼻子、嘴巴移動得自然和諧些，好像沒事一樣露出笑容，但我實在太害怕了，我的表情肯定很奇怪。正當我傾注全力重新調整臉部肌肉時，引擎聲停止了。

意思是已經抵達潛水地點了。

背上氧氣瓶，和偽善互相確認呼吸器是否有在運作。戴上面罩，穿上被稱為鰭板（fin）的蛙鞋，現在就只剩下水了。在等待時間中累積的恐懼，距離爆炸只有一步之遙。所有潛水員必須一起潛進水裡，因此先下水的人都在等著我跳進去。哎呀，不管了。不能再讓大家等了。我試著把自己推進水裡，這就跟從新道林站搭地鐵去上班的感覺一樣，與自身的意志無關。

撲通。

指導員確認五個人都下水之後，便發出往下潛的信號。一按下懸掛在潛水背心上的浮力調整按鈕，原本填充在背心裡的空氣就排了出去，視野中的光線逐漸消失。感覺就像被吸入深不可測的恐懼之中。我緊閉著眼睛，水面將月光吃掉了。在黑漆漆的黑暗之中，我只聽到自己的呼吸聲。輕輕地抬起眼皮，無論是往上看還是往下看，只看得見一片濃墨。

「土、火、風、水、心靈。當這五道光合而為一，地球超人⑫、地球超人。」混亂之中竟然出現歌聲了。如果人類長時間處於緊張的狀態，大腦就會發生異常嗎？這麼大歲數還記得地球超人，對此感到驚訝的同時，我覺得我就是為了保護這片海洋而來到這裡的勇士。雖然暫時稱讚了一下自己，以這是非常了不起的想法來轉換心情，但是恐懼感仍然沒有減少。正當我因為恐懼而大口大口地喘著氣時，偽善抓住了我的手，眼神裡充滿「沒事了」的安慰。又不是被男人抓住，只是被那傢伙抓住而已，我的手竟會如此溫暖，等等，我的欲念好像被激發出來了。

「是啊，我旁邊有偽善啊。無所畏懼的她會守護我啊。沒什麼好怕的！」

事實上，在無法說話的海水中，那充滿真心的眼神，形成了不小的安慰。

因為人類是適應力極強的動物嗎？我漸漸習慣了伸手不見五指的黑暗，以及只能看見前方二到三公尺的圓形視野。還產生了靠近布滿珊瑚的石頭，窺視海洋中各種夜間秩序的閒情逸致。白天張著嘴爭吵，露出凶狠的模樣，夜晚則在石頭縫隙間睜著眼睛睡覺的絲背冠鱗單棘魨魚群；穿著藍色點點睡衣在睡覺，因為我們照射的

⑫《地球超人》是一部由美國 DIC Entertainment 公司、漢納巴伯拉動畫和 Turner Program Services 公司製作的環保主義動畫影集。

光線而急忙逃走的藍斑條尾魟；還有難得一見的甲殼類動物和蠕紋裸胸鱔。壓軸是正在夜店開趴的透明蝦群，在洞穴中擺動眾多小腳跳著森巴舞的牠們，身體一照到光就閃閃發亮，然後跳出更加激烈的節奏。因為可愛的小蝦群，使我的緊張得以緩解。不知道偽善是不是察覺到這其中的變化，她突然將手電筒往自己臉上一照，並對著我露出微笑。

媽呀，嚇死我了。差點就把呼吸器吐掉了。等上了船之後，我得先狠狠地捏一捏那張臉才行。

劃破水的沉重密度，把頭伸出水面，月光撒落在臉上，星光熠熠。就連剩餘的一點恐懼也被吹拂過來的凜冽含鹽夜風給徹底驅逐了。感覺好像偷偷地去了一趟不存在於這世上的世界。我剛才去了哪裡呢？

怦怦、怦怦。心臟依然狂跳個不停，不過是跟剛才不一樣的跳動。為了紀念夜潛初體驗，我們到船的二樓坐下，大家一起拉開啤酒罐拉環。大海很清香，波濤很甜美，遠處閃爍的燈火很隱祕，啤酒很苦澀。只要適當地讓酒勁上來一些，閉上眼睛，隨時都可以漂浮在海裡。搖搖晃晃，撲通。彷彿所有事情都是安排好似地令人

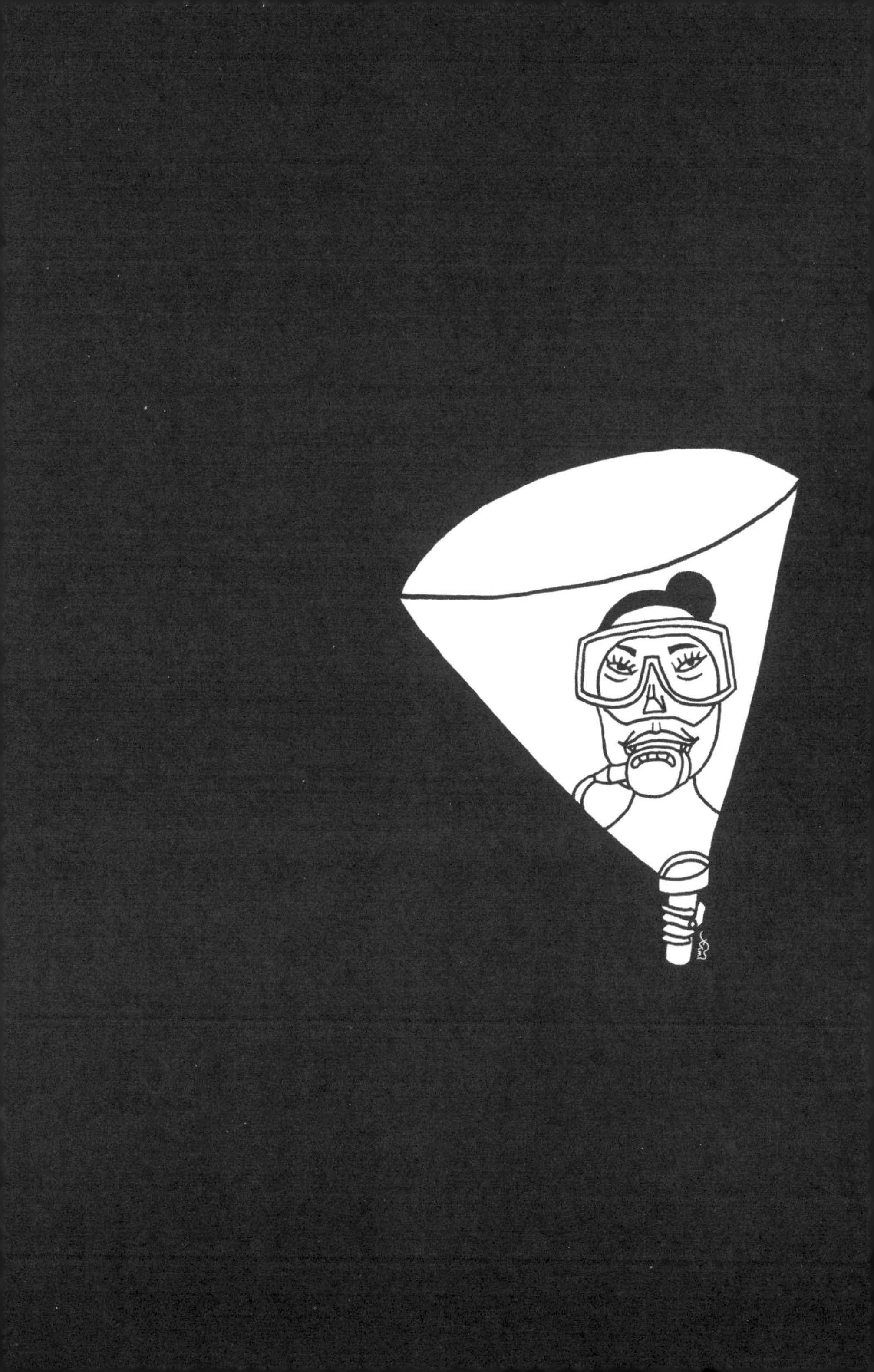

著迷，但我又突然寂寞了起來。腦中浮現一個想法，如果有戀人可以抓住那顆因不知該往何處而忙亂的心就好了。連原本沒有的人間愛都沸騰了起來。

「偽善啊。現在如果有人跟我告白的話，我就跟他交往。不，如果旁邊有人的話，我就跟他告白。」

我轉動眼睛看向偽善，發現她已經帶著愛心瞳孔在喝著啤酒了。

我決定了，只要遇到心儀的對象，無論如何都要帶他去夜潛。在幻滅之前，必須在船上一決勝負。因為到達那閃閃發亮的陸地之後，就會像獲得雙腿的人魚公主，各自分道揚鑣，所以要用微溼的頭髮，流露出連靈魂都能網羅的真心，並把啤酒放在面前，然後說：

「喝完這杯，就代表你要跟我交往。」

剩餘的黑暗和緊張、極其有限的視野、月亮升起的夜晚、神祕的夢、相信酒精可以解決一切的夜晚就這麼過去了。

真正的恐懼與理解 1

泰國，擺鎮

我們決定去只要去過一次就很難從它的魅力中跳脫出來的背包客的黑洞——擺鎮。我們也想要體會無法離開及掙扎很久的感覺。由於要找到物美價廉的旅館，因此同時動用三個找旅館的APP。一直以來都只要求住在如雞舍般的多人房，但是自從來到泰國以後，就算需要多支付一些錢，也想住在有獨立衛浴的雙床雙人房。因為天氣非常炎熱，一下子就覺得疲倦，而且常常要沖澡。這是為了不要讓自己電力耗盡的小小奢侈。

我們找到的是有獨立衛浴的雙床雙人房，一晚三百泰銖，大約一萬韓元，價格是之前在曼谷住宿的旅館的一半。似乎是因為房間沒有冷氣，只有電風扇，而且又離市中心很遠。雖然有點不方便且稍微熱了一點，但是一個晚上的房價可以睡兩個晚上，對長期旅行的人來說，這是無法抗拒的誘惑。

問題是如川燙好的菠菜般消瘦的偽善。偽善的媽媽因為心疼怕冷的寶貝女兒，煮了一些補藥給她喝，沒想到喝了之後出現「雙頭馬車」現象，她變得既怕冷又怕熱。因為怕冷，每到冬天就冷得瑟瑟發抖，於是花錢買鹿茸來吃，結果現在變成連夏天都要受苦。在沒有冷氣的情況下，她能撐過這個酷暑嗎？雖然很不安，但是現

在比起擔心暑氣，更需要節約。因為我們在龜島潛水、在清邁舉行酒宴，爽快地用了不少旅費。

從清邁搭公車過來，下了公車之後，背上龐大的背包，要前往旅館還得走一公里多的路。酷暑狠狠地壓住肩膀。每吸一次氣，熱燙的鼻毛就徐徐地飄動，漆黑的頭髮也被太陽曬得發麻。額頭在哭泣，腋下也在哭泣，兩瓣屁股也在哇哇大哭。因為想要省錢，頭腦很高興，但身體似乎覺得很委屈。

途中無意間看到某家鞋店懸掛的溫度計，攝氏四十二度？我們現在是在這個氣溫下，前後背著背包行走嗎？要是把背包放到磅秤上確認重量，也一定會覺得感受到的重量比實際重量還重，然而，如果讓已經熱到發燙的偽善看到那個數字，她似乎會癱坐在地上，我趕緊開口說點什麼。她的臉已經皺成一團，眼神渙散，好像怎麼樣都無所謂了。

終於抵達旅館了。門前布滿不知名的綠色植物。接待櫃臺有一張超大的和室桌，各種大小的圖畫協調地掛在牆上。雖然是喊著節省的口號，以半強迫的方式被吸引到這裡來，但是感覺還不錯，因此稍微有點面子了。

在老闆的引領下，打開如拳頭般大的門鎖，一拉開厚重的木頭門，就看到在紅色被子上搖曳的白色床帳。這……這是公……公主床嗎？我的天啊，竟然是公主床。原本只有在上下鋪翻來覆去的命，竟然瞬間變成可以睡在有紗網搖曳的床上。雖然很害羞，但還是暫時對彷彿只有噴上香奈兒香水才能睡在上面的迷人裝潢產生了期待。

不過，清純可人的床帳，它的另一個名字是蚊帳。每張床上都掛著它，由此可證，這裡肯定很多蚊子。即使一起待著也只有她一個人會被蚊子叮咬，具有蚊子的免費自助餐體質的偽善哭喪著臉。

透過窗戶可以看見一個小小的庭院，我迅速地將話題轉移到那裡去。好像在花牌的雨光牌⑬上出現的紅色遮陽傘，傘下有白色的木桌，後面則有網狀吊床，密密麻麻地插滿竹子的牆邊草木叢生。早上因為吱吱喳喳的鳥鳴聲醒來，睜開眼睛就能看到的白色床帳；透過宛如在電影裡見過的老舊木窗，便能看見的綠色庭院及蔚藍天空。如此浪漫雅致的旅館，還不覺得便宜嗎？我說得口沫橫飛。

放下背包，然後說我來幫你驅除酷暑，一打開掛在牆上的電風扇，就因為太過驚慌而急忙關閉電源，並偷偷觀察偽善的臉色。嗯？這種彷彿站在暖氣機前的感覺是？真該死，連哄帶騙地將她帶來這裡，結果卻出現如此尷尬的局面。

第二天早上，情況果然也發展得不如預期。叫醒我的不是吱吱喳喳的鳥鳴聲，而是偽善混著不耐煩的嘆息聲。無論是浪漫還是什麼，掀開因為汗水而緊貼在身上的床帳之後，管它什麼庭院不庭院的，都先察看一下那個傢伙吧。

果然，她的眼裡充滿憤怒，說她熱到睡不著覺。雖然我也被熱醒好幾次，但是原本就有失眠症的她，大概整個晚上都輾轉難眠吧。偽善帶著彷彿馬上就要落下眼淚的表情，說這間旅館她一天都待不下去了，一起搬到有冷氣的旅館去吧。不知道是從哪裡聽來的，她說她得知這附近有附設冷氣的廉價房間，甚至還像前一天的我那樣，有條有理地進行了比價。

本來就睡得不是很好，再加上全身都溼溼黏黏的，我的煩躁情緒也悄悄地上漲了。即使是韓國的熱帶夜[14]，也不曾有過開著冷氣睡覺的舒適生活，然而，這個酷暑到底是什麼東西，她居然這麼拼命地尋找冷氣？難道我在這裡就很舒適嗎？我甚至把靠近電風扇的床讓給她，結果電風扇的風都被她的床帳給擋住了，整個晚上我連一點熱風都吹不到。為了要省錢，從昨天開始我就一直在看她的臉色，想到我扭扭捏捏地做出不像樣的撒嬌，就莫名覺得怒火中燒。我是因為自己喜歡才來這裡住的嗎？還不是為了在能忍受的範圍之內多省點錢。雖然煩躁和失落感攪成一團的我也很想丟出一句話，但不管怎麼說，她好像非常氣憤，暫且先讓她想起我們在龜島和清邁撒下的錢，並拍拍她、哄哄她吧。

隔天我們到處閒逛，讓偽善放鬆心情，晚上回到旅館，坐在浪漫的庭院裡。

⑬ 花牌是源於日本的一種傳統紙牌遊戲，後來流傳至韓國，雨光是其中一張牌。

⑭ 指最低氣溫高於攝氏二十五度的夜晚。

「很棒吧？這裡不錯吧？因為有打上燈光，氣氛超好的。可能是樹木很多的關係，一到晚上就變得特別涼爽欸。」

嘰嘰喳喳、嘀嘀咕咕。我再度說出不像話的話，試圖再多撐一下。希望可以順利度過今天的炎熱夜晚。

然而，隨即發生問題了。我裝作非常開心的樣子，一邊揮舞手臂，一邊打開房門，接著看到白色床帳上有個如拇指般大的黑點。咦？我不記得有那個破洞啊？

那個黑點有六隻又細又長的腳。修長的觸鬚、冰冷發亮的背殼……是蟑螂。

腳底冒出冷汗，大腿內側開始發癢。雖然世界上所有的生命體在這和諧的生態系統裡面都有其存在的理由，但是會讓我把這些話全都拋諸腦後的生物就是蟑螂。假如只是厭惡就好了，可偏偏我是真的非常害怕蟑螂。無法預測會跑到哪裡去的身姿、突然加速奔馳的速度、順著壁紙攀爬的聲音。甚至即使沒了頭，只要有水就能活九天的該死的生命力，我連想都不敢想。只要瞄到一眼，連耳朵裡的毛都會豎起來。彷彿會在沒有任何信號的情況下撲向我，並鑽進我的眼睛、嘴巴、肚子裡似的，因此我動也不敢動。

各種想像在被酷暑籠罩的頭髮之間來回亂竄。如果在我睡覺期間，那傢伙從枕頭旁邊爬過來，到我的頭髮上玩耍，在鼻子爬上爬下，猶豫要不要爬進耳朵裡，然後悄悄地爬下來，一路奔馳到腳尖怎麼辦？如果什麼都不知道，因為那傢伙的步伐覺得身體很癢而翻來覆去，不小心把那傢伙壓爆了怎麼辦？如果連這都不知道，還沾著那傢伙爆出的汁液繼續睡覺怎麼辦？如果那傢伙拖著被輾壞的身軀，跛著腳到處走，在我的棉被上來回穿梭怎麼辦？

說要省錢，好不容易才說服痛苦難熬的偽善來這裡住，這下該怎麼辦才好？

我今天應該會在這間房間裡寸步難移吧？

現在應該要立刻搬離這間房間才對吧？

真正的恐懼與理解 2

泰國，擺鎮

熱。好熱。

東南亞的酷暑使我舉起雙手、雙腳、雙腋下。怎麼會如此炎熱？放在蒸籠裡的大包子就是這種心情嗎？火窯裡的麥飯石烤雞蛋的生活就是這樣子嗎？一種想把全身的外皮脫掉，在冰塊水裡泡一泡之後再穿起來的心情。

泰國擺鎮被稱為遊客的黑洞，對我來說則是炎熱的黑洞。在我人生經歷過的炎熱中，這雄姿絕對首屈一指，連對帥氣的關懷體貼都融化殆盡了。愛、寬容與理解，全部都等到「我可以活下來」的時候再說吧。世間萬物、所有包圍我的一切，我都討厭。

我知道。我正在舉行煩躁大遊行。

我知道。帥氣為了接受這樣的我，正在使出渾身解數。

我知道。她說的話都是對的。

竟然說要在擺鎮的旅館中，尋找連韓國的家裡都沒有的冷氣，我也知道我很不懂事，我也不是不知道錢只出不進，無論如何都要省著用才能繼續更多的旅行。然而，只要頭腦知道，就能怎麼樣嗎？現在身體馬上就要被逼死了欸。

託了令人昏頭暈腦的酷暑的福，擺鎮之旅正在變質。出門之後，大約每十分鐘就要遁逃到便利商店裡一次。泰國的國民超市 7-11，說得誇張一點，每走三步就會有一間，而且我喜歡那比任何地方都具有人情味的冷氣。打開玻璃門走進去的瞬間，就覺得受到天大的恩惠。入店的同時，兩邊洪水氾濫的腋下，立刻就產生了爽快的除溼效果。輕盈地繞過所有角落之後，站在便利商店裡溫度最低的地方猛搧扇子，這時恍惚的精神才恢復了平靜。像這樣擁有五到十分鐘專屬自己的停機時間，就能替再次出發的意志充電。

問題是充完電的電池，壽命大概只有十分鐘左右。如果離開店家十分鐘之後又沒電了，就必須再次進到 7-11 裡面，再次停機。這種模式已經維持好幾天了。如果沒有 7-11 的話，我還能在擺鎮逗留到此時此刻嗎？

今天也只盡情地在便利商店裡觀光，被帥氣拉著去吃了一碗麵，然後就回來了。無從得知是什麼動物的清湯和我的汗水，關係融洽地混在一起的滾燙熱湯，好像讓我的體溫足足上升了三度。一回到旅館，不知為何，就有種房間會比外面還熱的感覺。好想立刻搬到有冷氣的旅館。這時候，帥氣提議到庭院裡待一下。彷彿心思被看穿似的，我因此覺得很尷尬，於是默默地跟著她走。聊這聊那，你一言我一語，在即將成為供奉給蚊子的飯菜時，現在真的不得不回到那個如同汗蒸幕的房間了。迅速地站起來，先打開房門準備走進去的帥氣突然站著不動了。她將跨過門檻的腳步收回，並悄悄地往後退。

「怎麼了？發生什麼事了嗎？到底什麼情況？」

帥氣對著追問的我靜默了好幾秒，然後才開口說道：

「蟑……蟑……蟑螂……」

喔……看來這個夜晚會很漫長啊。

強烈的直覺如潮水般湧了過來。帥氣的蟑螂恐懼症非比尋常。

讀大學的時候，我自己在外面租房子住，有一天帥氣在沒有事先告知的情況下，突然打開門走進來。正當我想問她沒先聯絡就跑來是有什麼事情的瞬間，我看見她令人難以接受且無法理解的狼狽模樣。領口鬆垮的T恤、設計深奧的褲子，頭髮就像剛洗完碗的菜瓜布一樣。從頭頂到腳趾，看起來沒幾個可以被歸類在正常範疇的項目。那副模樣實在慘不忍睹，我遞出我的T恤，叫她拿去換上。然後，帥氣在脫掉衣服的時候，我嘴裡冒出了一句話。

「喂，帥氣啊。拜託……」

衣著帶來視覺衝擊的帥氣，激動地說明事件始末，事情是這樣子的。她說她的房間出現了一隻蟑螂。接著她就不敢進到房間裡，所以她隨便拿了她拿得到的衣服來穿，然後奔逃到我住的地方。那個瞬間，比起她領先半個世紀左右的穿衣時尚，她以那樣的打扮搭公車來到這裡的事實，更加令人吃驚。以後還要爽快地將這個發了瘋似的朋友留在身邊嗎？不知道帥氣到底知不知道我內心正在為此苦惱，她繼續說著她對蟑螂的恐懼感有多深。

回憶著二十幾歲時發生的勁爆趣事，同時預想到這將是一場不簡單的戰爭。我迅速地對情況做出判斷。手錶上的指針已經指向超過凌晨一點的時刻，好累。還有最重要的是，好熱。我仔細地想出一些可實行的方案。

方案1.　抓住那個該死的噁心生命體。

可行性：零。雖然我沒帥氣這麼誇張，但是我也極度厭惡那位朋友。

方案2. 一起到毫不浪漫的浪漫庭院熬夜。
可行性：三〇%。至少還要五到六個小時才會天亮。我沒有在蟲窩草地上熬夜的本事。

方案3. 叫醒旅館老闆夫婦，請求協助。
可行性：五〇%。管它是禮貌還是什麼，全都裝作不知道，想在這個大半夜叫醒他們，就可以叫醒。可是，萬一他們夫妻正在進行火熱的愛情交流，該怎麼辦？要怎樣做才能蒙混過去呢？是福是禍只能靠運氣了。

我一邊抖腳一邊沉思，接著猛然站起身。拍了兩下哭喪著臉的她的肩膀，並露出微笑。是啊，人生不過如此。放手一搏吧。本來，商品收益越高風險也越大。去碰碰運氣吧。

丟下一句「你等著吧」，我便朝著旅館老闆夫婦位於後院的房間走。回頭瞄了一眼，我看見帥氣的大眼睛裡已經充滿對我的愛、感謝及尊敬。等著吧。讓天下無敵的魏偽善來替你解決困難。我殷切地盼望著他們還沒入睡、他們因為禁不住炎熱而暫時將愛情的行為往後推延。離開走廊之後經過三十秒，我尷尬地折返回來了。通往旅館老闆夫婦房間的門打不開，只發出了吱吱嘎嘎的聲音。迫於無奈，我不得不重新安撫帥氣。

偽善：嗯，現在該怎麼才好呢？還是得進去吧？

帥氣：不知道，嗚嗚。我不敢進去，嗚嗚。

偽善：那你想怎麼辦？

帥氣：我要待在庭院。嗚嗚。

偽善：庭院的燈馬上就要關了，你一個人待在那也沒關係嗎？

帥氣：不，我無法一個人待在那裡。嗚嗚。

偽善：那我陪你一起待就可以了嗎？

帥氣：嗚嗚。不、不、不。怎麼可以這樣。你不是很睏了嗎？嗚嗚。

偽善：你不是說你無法一個人待在那裡嗎？

帥氣：嗚嗚……嗯……

哈，到底是怎樣？昨天口沫橫飛地對著我熱烈發表這家旅館的優點的傢伙，現在到哪去了？膽小鬼金帥氣。

自認為自己很帥氣，於是賜給自己這個綽號的金帥氣小姐，現在正覺得四面八方的一切都很可怕。雖然我不是不知道，但也沒有其他辦法啊。我只有一個辦法，就是進到那個極為討厭的巢穴度過這個夜晚，明天早上放膽離開這個該死的旅館。不過離開畢竟是明天的事，今天無論如何都得在這個房間裡撐過一夜才行。

偽善：你不睏嗎？

帥氣：睏啊……

偽善：好，那我們進去吧。

帥氣：哇嗚嗚嗚嗚嗚嗚。我不敢進去！我絕對不進去。

偽善：那你想怎麼辦？

帥氣：我要待在庭院，哇嗚嗚嗚嗚。

偽善：你不是說你無法一個人待在那裡嗎？

帥氣：哇嗚嗚嗚嗚。

這到底是想怎樣，我實在無法理解。我又不能放著哇哇大哭的她不管，自己進去裡面睡覺。什麼事都做不了，只能無奈地讓時間不斷流逝。

我想念房間裡的電風扇。我迫切地需要那一絲悶熱的風。帥氣因為蟑螂無法進入房間，我卻因為電風扇必須進入房間，這是兩種截然不同的命運。

偽善：反正那隻蟑螂也是從庭院爬進來的。庭院裡應該更多蟑螂吧？

帥氣：嗚嗚，那該怎麼辦才好？

偽善：你要為了避開一隻蟑螂而跑進蟑螂窩嗎？

帥氣：嗚嗚嗚嗚，不、不。我不要去庭院了。嗚嗚嗚。

偽善：那你想怎麼辦？

帥氣：不知道，嗚嗚嗚。

偽善：進去睡吧。迅速地進到床帳裡，然後封堵所有入口就行了。

帥氣：不敢進去。我不敢進去。嗚嗚嗚。

所以說嘛，當初我說要換旅館的時候，說那個庭院並非浪漫之地而是有很多蟲的地方的時候，你就應該要聽話啊。在該死的臭蟑螂和帥氣對峙的期間，我的腋下和脊梁流下了黏黏糊糊的汗水。她現在正因為這段期間對我說的那些話而感到尷尬，所以不敢說要換旅館。我明知其情卻故意不露聲色。基於懷恨的心情，我想將最近這幾天她對我投以「稍微懂事一點吧」的眼神，加上複利利息向她討回來。這時候，腦海中閃過帥氣昨天、前天和大前天的模樣。

儘管她對因為無法忍受炎熱且露出不耐煩和神經質的我感到生氣，卻仍然拼命地壓抑住內心情緒，那瞬間產生的表情變化我已經目睹好幾次了。過去這幾天飽受炎熱之苦的我，嘴裡吐出又黑又臭的話、不知道到底想怎樣的各種煩躁，是她承受了這一切。由於二十四小時都待在一起，對我們來說，表情的變化根本無處可藏。

一言不發地暫時離開座位，或者講一些跟話題毫無相關的話，是她容忍我的模式。即使我知道，卻沒能對她表示感謝。不，是沒有。因為我實在是太累了。多虧令人喘不過氣的酷暑，直到現在我才想起當時未能說出口的感謝。那些瞬間的帥氣的模樣，轉換成撫平這個瞬間的怒火的力量。「唉，她到底為什麼那樣啊」的情緒，被轉換成「是啊，那傢伙現在該有多麼難受啊」。情緒轉變的瞬間，竟然和紙一樣又薄又輕。

此時的帥氣，可能正在感受懸空掛在三百公尺高的峭壁上的恐懼感。當然，我無法理解那是什麼感受。也許不管再怎麼努力，還是無法理解。但是，我就是知道她處於那種狀態。帥氣和我已經跨越了因為不理解而產生誤會的階段。對我們來說，現在需要的不是努力地去「理解」，而是就這樣接受「事實」的態度。而且，這樣子的能力，帥氣顯然比我優秀多了。坐在陡峭的情緒翹翹板上的人主要都是我，帥氣大部分都是默默地承受著我的起伏。現在，輪到我用苦思來取代不耐煩，為她想出解決這個情況的方法。

這時候，喀啦喀啦，我聽到鎖住的廚房內有什麼東西在移動的聲音。是人的動靜。啊……難道是天助自助者，上天要全力支援把對朋友的不耐煩消化掉的人嗎？我趕緊敲打廚房門，並如同念 Rap 那樣不斷地說著「Help me」。

彷彿永遠不會打開的厚重大門被打開了，好像還在睡夢中的旅館老闆娘出現在門後。看來這個酷暑對當地人來說也是凶狠到令人睡不著覺，她正在準備冰水和水果。我不由自主地抓著她的手腕說明情況。我說「In my room、有 size super big 的 cockroach」，盡可能地低聲細語、盡可能讓人覺得同情、盡可能遵守禮貌。

拿著水果籃、突然變成傾聽狀態的老闆娘，掌握了所有情況之後，她說因為現在時間已經很晚了，不要花力氣和時間對付蟑螂，叫我們今天晚上先換到其他房間住，然後將隔壁房的鑰匙遞給我。啊……我看見她的肩胛骨長出了白色翅膀。

現在才知道為什麼擺鎮被稱為黑洞。轉身的腳步充滿力量，肩膀上的驕傲成為近年來最堅固強大的驕傲。我對著帥氣熱淚盈眶的眼睛叮叮噹噹地搖晃著鑰匙，這時她才用淚汪汪的眼睛笑了。哎呀，這張又哭又笑的臉，真是醜到難以言喻。

走進隔壁房間。因為是新房間，寢具都很乾淨，非常令人滿意。沒有六隻腳的該死生命體，也沒有我們那些亂七八糟的行李。我因為酷暑、她因為蟑螂，我們在同一個地方經歷了彼此真正感到辛苦的事情，使人驚慌失措的袍澤情誼驟然而至。她因為一隻蟑螂引發騷動，我就把她當成「怪咖」，對此我感到很抱歉。仔細一看，帥氣這傢伙的想法似乎也跟我一樣。對我來說是沒什麼大不了的事，對別人來說未必沒什麼大不了。怎麼會如此愚蠢呢？

於是我們得到一個結論，不能就這樣送走這個夜晚。白天不是正好買了一瓶威士忌嗎？這段期間的煩躁，彷彿都被熱呼呼的威士忌沖刷掉似的，心情變得好好。

這瓶泰國的國民威士忌快要被喝空的時候，我吐出了捲曲的舌頭。

「這旅館還滿好的嘛？就別換了吧！」

偶爾任性

泰國，擺鎮

身為背包就是衣櫃、化妝臺、書桌的背包客，必須將所有生活必需品都背著走，由此可見，背包裡的物品也是激烈地排定了優先順序。衣服老早就被擠到後面的排名去了。光是從首爾到釜山就有截然不同的天氣，更何況是縱橫在各大洲之間，天氣當然是變化得難以捉摸，四季的衣服全都需要。然而，反正是不知道什麼時候會穿到的衣服，除了內衣和機能外套之外，所有衣服都是在跳蚤市場或二手服飾店隨便買買，穿一穿再丟掉，不斷地反覆這樣的循環。

偶爾連防曬乳都會忘記擦，乳液就更不用說了。毫無修飾的素顏就讓它繼續素下去吧，化妝水、乳液、精華液、眼霜、BB霜……跟依序將這些東西塗到臉上的韓國生活不同，只要塗上一層乳液就等於化完妝了。因為毒辣的太陽，皮膚已經曬黑很久了，額頭總是像抹上芝麻油的海苔飯捲一樣，黑得發亮。頭髮用在玻利維亞花一千韓元購買的文具剪刀大概剪一剪，搞得像鳥窩一樣蓬亂，穿著變成嘻哈褲的緊身褲及破洞的T恤也不覺得丟臉。不，反而很有自信。因為這身破破爛爛的衣服、不修邊幅的外在，並不是我的全部。因為我是個旅人。看起來過時、看起來貧弱也沒關係，因為這證明了我正在為我選擇的旅行竭盡全力。

然而，偶爾，非常偶爾，旅行期間越長，就越會產生無謂的畏怯時刻。尤其是遇到其他旅人時，這個症狀會更加嚴重。同樣都是旅人，為什麼人家這麼乾淨整齊？真是不好意思。不，真是丟臉。膝蓋處隆起的緊身褲、被曬到又焦又乾的腳背、起毛球的T恤。這一切彷彿是遮蓋住我內在光芒的灰塵。如果我化點妝、穿上有模有樣的衣服，也不會如此手足無措……

或許就是因為這樣，才會平白無故產生想要從頭到腳好好地打扮一番的日子，想要將頭髮盤得美美的、畫上連偽善都認不出來的妝容、穿上黑色迷你裙洋裝並搭配高跟鞋、露出高傲眼神。每當這時候，我都會翻找背包，但無論我怎麼翻，都只有我知道的那幾件衣服。緊身褲、稍微鬆一點的緊身褲、鬆到膝蓋處隆起的緊身褲。以防萬一，我也看了偽善的背包，果然也沒有什麼新鮮貨。最後，我死了這條心，穿上常穿的緊身褲、昨天穿過的皺巴巴T恤出門上街。

這樣的欲求不滿，一層一層地堆疊起來，等到再也沒有地方可以累積的時候，欲望的肋骨就會朝奇怪的購物爆發。像在巴西購買的白色蕾絲洋裝、銀色亮片羊毛開襟衫等，這種完全不實用的衣服就是其產物。這些衣服甚至不是在二手服飾店裡買的，而是在一般的服飾店裡，花了不少錢買下的。正如字面上說的那樣，這就是衝動購物。如果藉由這種購物還是無法得到滿足的話，就會向有化妝品的旅人借睫毛膏或口紅之類的東西，試著在臉上化妝。

我沒有花費太多時間便領悟到「在南瓜上畫線[15]」的道理。化了妝又有什麼用呢？沒有可以搭配的像樣服裝。就算買了衣服又有什麼用呢？根本就不可能以那種穿著打扮背起龐大的背包。

和往常一樣，以沒擦半滴乳液的臉迎接早晨的某一天。才剛過早上十點，早餐吃的吐司好像已經消化得差不多了，我抬起因酷暑而癱軟的身體，打算到附近的市場吃點什麼東西，出門的時候卻感覺到和平常不一樣的氣息。旅館後院變得非常華麗，前所未見。小小的跳蚤市場開張了。我沒看見賣家。只有一個寫著「你認為它價值多少，就放多少錢」的箱子放在桌子上。

在沒有刻意去尋找的情況下，旅行之中要看到二手服飾店並不是太容易。沒想到旅館後院竟然就有跳蚤市場開張了，而且價錢還是由我們自己決定。連包包都來不及放下，就開始在衣服堆裡瘋狂翻找。雖然是沒有名字的店家，卻有很多不錯的東西。我依序挑選了可以解放腋下的無袖T恤、隨時隨地都能一屁股坐下的寬褲。現在大件衣物都已經翻找過一遍了，自然而然就將目光轉移到小飾品那邊去。然後我在雜物堆得亂七八糟的箱子裡發現了一個東西。閃閃發亮的香水瓶。

雖然我在旅行期間遺忘了它，但我其實很喜歡香水。每次搭飛機的時候，我都會在免稅店的香水櫃位撐大鼻子試聞各種香水，然後依依不捨地轉身離開。不僅購買本身就是個奢侈，而且也不可能會有適合這副鳥樣的香水。但是，現在眼前竟然出現香水了。從剩餘的量來看，這是已經有人用過的香水。大概是某個旅人放在旅館裡忘了帶走吧。雖然我很想噴看看，但好像不能隨意試香，因此我先搜尋了一下它是怎樣的香味。

⑮ 韓國俗諺是南瓜畫了線也不會變西瓜。此處原文只講了前半句。

如設計大膽的紅色晚禮服般性感動人。在石榴、覆盆莓、李子混合而成的深紅色果汁中加入粉紅胡椒，並添加卡薩布蘭卡百合及森林的香氣。是一款令人感到幽暗及不可思議的香水。

我爆笑出來。在這個超過四十度的毒辣酷暑中，能有什麼幽暗及不可思議的感覺？我這身任誰看了都覺得破爛不堪的穿著打扮，要怎麼跟性感動人扯上邊？

我猶豫了。就算是一百韓元，只要亂花就是浪費；就算是十萬韓元，只要花得合理就不是浪費，然而這瓶香水無論是對我，還是對現在的天氣來說，都不適合。話雖如此，所有道理我也都明白，但我實在壓抑不住這個奸邪的欲望。不管是怎樣的香味，我都想噴灑在身上。我抱著她能勸阻我的心情，將視線移轉到偽善身上……我的天呀。她正拿著一件飄逸的雪紡洋裝在身上比來比去。

哎呀，至少香水的體積很小。那件洋裝恐怕要占據背包四分之一的空間了吧？是啊，她不可能不知道，但即便如此，也還是想買吧。看來那傢伙現在也是非常欲求不滿呢！我們四目相交，然後互相瞄了一眼各自拿在手上的商品，接著痛快地大笑好一陣子。好啊，就隨心情放縱一次吧！反正這也不是全新的東西！

我們將物品緊緊抓在手裡，我的是香水瓶，偽善的是雪紡洋裝。現在只剩下付錢這件事了。雖然因為可以自己決定價錢所以覺得很棒，但是卻沒有想像中那麼簡單。既然不是全新的商品，當然不能盲目地放入太多錢，可是放太少又會覺得良心不安。我抱頭苦思，以市面上看到的衣服價格為基準估算出價值，接著向看不見的賣家致謝，並將錢放入箱子裡，然後走回房間。

真的在旅行期間買了可以噴灑在我身上的香水了嗎？當我看起來十分不懂事地把玩著玻璃瓶時，偽善已經穿上飄逸的洋裝，轉起圈圈來了。哎呀，既然都已經這樣了，就盡情享受吧。我將香水噴灑在空中，並優雅地走到撒落的香水之間迎接。將沉重的空氣推開，使熱騰騰的香氣蔓延開來。適合也好，不適合也好，這濃郁的馨香，令人心情愉悅。就這樣偶爾任性而為、用自己的方式活出自我風采吧。

我打開背包，準備把高級香水放到便宜的洗髮精旁邊時，一看到在這酷暑之中穿著拖地洋裝還十分開心的偽善，我就忍不住笑了出來。

說還是不說

寮國，龍坡邦

嗯？這裡是怎麼回事？感覺好像韓國？是回到韓國了嗎？我也搞不清楚了。

比起在其他地區旅行的時候，來到亞洲之後，確實是遇到比較多韓國人。不知道是不是受到最近流行的電視節目的影響，其中遇到最多韓國人的地方就是寮國。龍坡邦是東南亞地區生態環境保護得最好的地方，也是這個國家最悠閒、最平和的都市，聽聞它的美譽之後來到這裡，街道上卻是韓語滿天飛。甚至到了令人懷疑是不是搭錯飛機回到韓國的程度。

高興也只是暫時的，只要聽到韓語，就會本能地蜷縮起來。因為我們一身邋裡邋遢的裝扮，和穿戴整齊的他們不同。在寮國遇到的韓國人，大部分都是請幾天假到這裡來旅行的人，所以他們閃閃發亮。從某一瞬間開始，我和帥氣就盡量不講話。這是沉默的協議。我們這副模樣，只要不說韓語，就無法輕易知道我們是同胞，這個戰略的打擊率非常高。雖然因此在決定旅行路線上吃了一點苦頭，對此真不知道該高興還是難過。

我們決定在整個城市都被聯合國教科文組織指定為世界文化遺產的龍坡邦夜間散步。我們的目標是一到下午五點就禁止車輛通行，然後在街道上開張的夜市。對於喜愛夜晚、市場、街頭小吃、酒的我們來說，夜市具有即使用卡車把博物館載來也不願與之交換的價值。炎熱的夏夜，喝一杯清涼的啤酒，吃著美味的下酒菜，這是魅力無與倫比的場所，不是嗎？雖然基於安全上的考量，太陽下山之後我們就不出門了，但是那裡也有很多遊客，只要多加注意，應該不會有事。於是打開旅館大門走了出去。

街道跟預期的一樣，熙攘吵雜，而且比想像中還要熱鬧繁華。依序走過誰會想買的劣質紀念品，以及各種用途令人好奇的生活用品，因為現在比起購物，更需要能安撫劇烈動盪的胃的食物，和一杯使洪水般傾瀉而出的腋下汗水冷卻的啤酒。看了一陣子之後，我捕捉到濃郁的食物香味，以及顯然在烤著什麼東西的煙氣。

這裡果然也有很多韓國人。每走三步就會聽到一句韓語。帥氣和我彷彿約定好似的，一句話也沒交談，專注於挑選自己覺得最棒的下酒菜。

「您好，要一起喝一杯嗎？」

突然飛來的一句甜言蜜語插到耳膜上。竟然說「一起喝一杯」？還有比這個更具吸引力的話嗎？這分明是對我們說的話。沒有理由將主動送上門的邀約踢出去吧？向我們搭話的人是年輪紋路如實堆積的大叔和一對情侶。在每天只和帥氣共度的生活中，遇見新人物是件令人開心的事情。由於迄今為止，在旅遊地遇見的人們大部分都是好的緣分，並長期維持著關係，所以我露出了開朗的笑容，希望這次也能成為很棒的相遇。

在他國互道的問候語，其威力比想像中還大。陌生的街道、陌生的氣味、陌生的語言，在一切皆不熟悉的事物中傳來一句熟悉的「您好」，便足以帶來緣分的意象。這是所謂的自帶濾鏡嗎？或許是因為這樣，我才可以和在旅遊地相遇的人們很輕鬆且深入地進行交流。在原本只是打算填飽餓肚的晚餐中，偶然地遇見了緣分，將長久地在一起變成必然，我們認為這是旅行的樂趣所在。

簡單地自我介紹後，緊接著換點好的食物和寮國國民啤酒 Beerlao 上場。啤酒彷彿是從冰窖拿出來的一樣，喝了一口連頭蓋骨都涼爽了起來，令人相當滿足。我不由自主地興奮起來，一邊聊天一邊喝啤酒。後來又有另外一位韓國人加入，雖然變得越來越熱鬧，但是不知道怎麼搞的，我漸漸覺得有點不自在。因為有種從我嘴裡吐出來的話，在傳抵對方之前，就接二連三地被阻擋在某處的感覺。我在某個人身上感受到那道看不見的牆——就是一開始提議併桌的大叔。

他完全不聽對方說什麼。問題不是不聽而已，只要是他本人以外的人說的話，他就全盤否定說那是「錯誤」的。不論是關於什麼的話，或任何話都一樣。

甚至讓我有種不如自己對著牆壁說話還比較好的感覺。我將 Beerlao 啤酒瓶當作擋箭牌，用腹語向坐在對面的帥氣傳遞訊息。

「喝完這個就站起來吧！」

一臉不耐煩的帥氣果然也用眼神傳來激動的 OK 訊號。然後等到最後一瓶 Beerlao 喝空的瞬間，我就表示我們要先離開了。但是，我的這句話完全被無視了。他叫我們一起去續第二攤，幾乎是用「命令」的口吻。雖然我又拒絕了好幾次，但是根本說不通。結果，無法強烈地表達出意願的我，只好心不甘情不願地前往第二攤，無法丟下我一個人的帥氣也只能無奈地跟在後面。

他的蠻橫行徑在酒精的助威下，漸漸走向崩壞。第二攤結束之後，等於是被迫前往第三攤，在夜色昏黑的龍坡邦街道上，他突然做出肢體接觸。他的手胡亂地環繞住我的肩膀和腰。不對，「環繞」一詞並不適切，沒有可以準確地說明這種接觸的詞彙真是令人嘆氣。任何人都可以本能地得知，這手到底是對他人充滿關愛，還是意圖不軌。如果你問我有沒有判斷的標準，我也沒有以準確的詞彙來表達該標準的才能。然而，無法言喻的東西，身體卻可以知道。

他的手是後者。手碰到我的前一個瞬間，腰和肩膀就先察覺到了那個意圖。從感覺到透明之牆的第一攤開始，我就煩惱了無數次。說還是不說？說你現在的行為令我感到很不舒服，還是不說？我做得到嗎？

我活到現在，大部分都是落入「不說」的手裡。我總是認為稍微有點不自在也沒關係，只要再忍耐一下就行了，幹麼要因為說出這些話而搞得很尷尬。也有很大一部分原因是，害怕對方會如何評斷把情況變得很尷尬的我。

正當我左右為難地走在路上，心想「就這樣被拉去吧」的時候，有個清楚明瞭的想法給了我一記當頭棒喝。

「我現在，到底在這裡做什麼？」

我不是為了這樣才出來旅行的。我並不是為了忍受這種不合理的鹹豬手、為了硬著頭皮和批評我的話全都是錯誤的人對話、為了索然無味地喝著如此喜歡的美味啤酒才出來旅行的。這裡是我苦惱了多久、放下多少事情、花了多少錢和時間才來到的地方?如此寶貴的時間為什麼要像現在這樣花費掉?我徹底地覺悟了。

停下來。別走了。

我聽到我內心無聲的聲音。

我突然停下腳步,站著不動。把手搭在我肩膀上行走的他,那隻鹹豬手暫時劃向空中,一起停下來的他,回頭看著我。他的眼神中帶著「有什麼事嗎?」的疑問,當我接收到那個眼神的瞬間,我沒有避開。不是只有一剎那,而是盯著他的眼睛許久,並且開口說話。把一直以來憋著的話全都說出口。

「別碰我!請把手收回去!」

這瞬間,濃烈的淨化作用(Catharsis)流過全身。彷彿將在喉嚨附近搖擺晃動、使我痛苦不堪的滑溜怪物給吐了出來。這麼痛快的話，為什麼以前要忍著不說呢？哆嗦哆嗦，我兩隻手臂都起了雞皮疙瘩。

似乎受到不小驚嚇的他，仍嘗試進行了幾次懷柔勸誘。他說他認為那只是勾肩搭背，問我為什麼要這樣？然後一邊笑，一邊再次將手伸向我的肩膀。然而，我體內的安全插銷已經拔掉了。我用前所未有的果斷動作和眼神拒絕他。然後再次大聲喊道：

「我說請把手收回去！」

其餘的同行之人和帥氣全都像凍住一樣，楞楞地盯著大聲咆哮的我。

結果，他把手收了回去。然後其他人開始小心翼翼地一人說出一句話。雖然很煩但是說不出口、謝謝你幫忙說出來、謝謝你叫他把手收回去等等之類的話。聽了之後才發現，原來大家都覺得他令人很不自在。

原來的我，絕對不是會說出這種話的人。每次遇到像今天這種「說？還是不說？」的分岔路口時，我都是走向「不說」那條路的人。所有人都對我的告白露出「怎麼可能」的表情，這時候一旁的帥氣便主動跳出來替我做保證，她告訴大家這是她第一次看到我這個樣子。

和他們道別之後，我和帥氣單獨坐在馬路上，然後又喝起酒來。這一口已經不冰的 Beerlao 流入吐掉怪物的喉嚨，比一開始從冰塊水中拿出來的 Beerlao 還要涼爽。

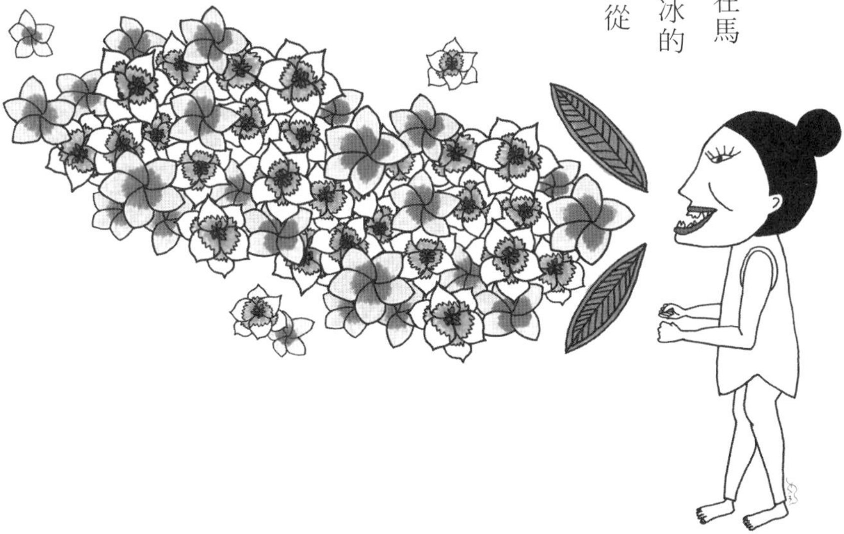

如何擁有完美的一天1

寮國，萬榮市

已經來到萬榮市好幾天了，雨仍然勤奮地下個不停。即使原本是蔚藍的天空，也會突然嘩啦一聲就下起傾盆大雨，因此就算來到這個被稱為戶外活動天堂的地方，也只有一邊在村子裡散步一邊享受美食，這就是這幾天的全部了。難道這就是東南亞的雨季嗎？

我喜歡雨。如果有一陣子都沒有下雨，就會跑到家附近的炸物店，蹲坐在店門口，將炸魷魚的聲音當作雨聲，藉此尋得安慰，同時聽著朋友說我是瘋女人。

對於這樣的我來說，沒有比這種幾乎天天都在下雨，更令我感到愉悅的天氣了。我轉動腦袋，思考著要如何和雨一起度過今日時光。因為沒有可以插在頭上的花，乾脆穿上碎花褲出去走走？或者是吃個內餡多到要爆出來的三明治？伴隨雨聲睡個午覺也很不錯呀。還是掏出存放在外接硬碟裡的一部電影，沉浸在無謂的感性之中？不管選擇哪一個，滿足度都會是百分之一百二十。

我自顧自地感嘆著，一睜開眼睛就看到偽善的後腦勺。我從那個既修長又堅硬的後腦勺感覺到黑暗的氣息。哎呀……我沒想到偽善。那個只要下雨就開始散發憂鬱氣息的傢伙。因為老天毫不留情地連續下了好幾天的雨，所有的水上活動都泡湯了，她一定相當鬱悶。雖然我也考慮過是不是去個淺淺的小河也好，但是這種天氣跑去，一個不小心，我跟偽善可能就會上寮國的新聞了。我必須發動前額葉的所有力量，尋找將這傢伙從深沉的泥沼中拉出來的方法。

尤里卡[16]！我趕緊拿起手機並輸入「萬榮市按摩」進行搜尋。東南亞與其他大洲相比，物價較低，而且按摩產業相當發達。自己與別人都公認是按摩狂熱分子的偽善，自從抵達東南亞之後，每次經過按摩店，就會斜眼偷瞄價格表，這我怎麼可能會不知道。每當這個時候，她就會把錢包緊緊按在胸前，雖然我很想說「去讓身體放鬆幾個小時吧」，卻總是把話吞了回去。那要花費多少錢啊，我們是旅費微薄的旅人耶。我努力地無視每三家店就出現一家的按摩店，並丟出很瞎的玩笑話，這漸漸令我對她感到抱歉。是啊，我今天送你一個舒爽的禮物吧。

我手指發燙地迅速用手機搜尋按摩店。不能只是還可以的店，必須是會讓瞳孔產生愛心的實力相當不錯的地方才行。躺著的那個傢伙知道我現在這麼努力嗎？

[16] 源自希臘，用以表達發現某件事物、真相時的感嘆詞，意思是「我發現了」。

經過連AlphaGo⑰都會自嘆不如的搜索之後，賓果。找到合適的地方了。我告訴偽善說反正雨一直下個不停，你就去按摩吧，並同時將她從床上拉起來。她一邊問我沒頭沒腦地說這話是什麼意思，一邊揮手拒絕，嘴角卻也同時微微上揚，這我當然不可能沒有察覺到。

我知道你現在很高興（對於一個人花錢去按摩感到過意不去卻又藏不住喜悅）。快點去好好享受一番吧。雨一直下個不停，空氣很潮溼，連你的身體和心情都溼漉漉的，趁著人家說好聽話的時候就聽話吧。我不斷地說話，說著說著便將偽善丟進按摩店，然後以最帥氣瀟灑之姿走出店門。我透過玻璃窗看到她把腳泡在熱水裡並露出微笑的樣子。

多麼閃亮的禮物啊。想到帶著滿臉笑容回來的她，我就覺得自己很了不起。我不能就這樣將帥氣的自己棄之不顧，決定也要送自己一份禮物。做錯事的時候可以不處罰，但做對事的時候一定要犒賞自己。因為我是個對自己很寬容的人。

我走進一間常光顧的店，點了一份青木瓜沙拉。充滿濃郁魚蝦醬味道的寮式涼拌青木瓜，再搭配一杯韓國燒酒，這種風流韻事是我決定賞賜給自己的禮物。

我在潮溼的雨味中，聞到了在石臼上研磨辣椒的刺鼻味道，嘴裡分泌著唾液。這一次是為了買燒酒而跑進超市。不知道是不是因為韓國觀光客很多的緣故，每間超市都看準了要賣燒酒。玻璃門映照出我的模樣，完全就是「奇怪的」鄰居姐姐。除了披頭散髮加上大紅色碎花褲和破破爛爛的拖鞋之外，還拎著一個塑膠袋，欣喜雀躍地奔跑，還有其他可以用來形容這種模樣的話嗎？

回到旅館之後，一打開塑膠袋就聞到魚蝦醬的腥味，一打開燒酒就聞到往上飄散的酒精味。我覺得我已經感受到了今天想要感受的所有幸福。屋頂上的雨！眼前的河水！我手中的燒酒！現在不要對我說什麼武陵桃源！獨自喝了一會兒酒，感性被酒精給浸溼了，既然如此，我決定來看一部電影。這麼一來，我不僅穿著碎花褲在雨中東奔西走，也看了電影，今天想做的計畫，已經做了兩個。

一邊看電影一邊吃青木瓜沙拉，忽然覺得胃酸過多。空腹又只吃放滿辣椒的青木瓜涼拌跟燒酒，會這樣也是理所當然的啊。早知道就順便買個烤肉串回來了……

⑰ 二〇一四年開始由英國倫敦Google DeepMind開發的人工智慧圍棋軟體。

正當我感到惋惜的時候，我聽到有人走樓梯上來的聲音。是如同我預料的那樣，笑得極為燦爛的偽善。不過她手裡提的是什麼東西啊？天啊，我們心靈相通嗎？偽善啊，你買肉回來嗎？那是烤肉嗎？今天如此完美也沒關係嗎？

如何擁有完美的一天 2

寮國，萬榮市

討厭下雨。從小就不喜歡。下雨之前，隱含沉重水氣的潮溼空氣。開始下雨時，突然撲鼻而來的土腥味。當手上沒有雨傘的時候，逼不得已要與它正面相對的困窘。最重要的是，連天空都會急遽變暗。只要開始下雨，所有因素混合而成的「討厭下雨的理由」便隨著雨朝我襲來。然後我的心情也開始隨著雨一起往下降，完全沒有商量的餘地。

諷刺的是，我喜歡水。比起山，我更喜歡海，我喜歡游泳，喜歡各種類型的水上活動。寮國的萬榮市以湄公河為中心，發展出各式各樣的水上活動，真的是我非常期待的一個城市。

然而，世上萬事都具有一種該死的特性，亦即所有的事情總是想要走上與我內心期望相反的路線。尤其是那些在無計畫的背包旅行中發生的事情，更是到達令人昏倒的程度。以熱帶季風氣候自豪的國家——寮國，雨季是五月到十月，而我們護照上蓋的寮國入境章日期是五月中旬。因此，好死不死，我們正好在雨季開始之際，來到盛行各種水上活動的充滿活力的城市。毫無計畫的旅行偶爾會發生，不，坦白說是很常發生這種令人啼笑皆非的結果。我對萬榮市的記憶，大部分都很陰鬱，或許訪問的時間點就已經註定了一切。

彷彿是親切地告訴大家雨季開始了，萬榮市不分晝夜地下著雨。雖然到達的第一天，我們對此一笑置之，非常有我們的風格，但是由於從早到晚下個不停的雨絲，我的情緒漸漸找不到出口，開始受到蠶食。

街道上櫛比鱗次的旅行社，牆上貼著各種開心進行水上活動的照片，包含坐在巨大的泳圈上，手裡拿著一瓶啤酒，悠閒地在湄公河上漂流的體驗，或是到洞窟探險、划獨木舟等場景，這些照片全都淒涼地淋著雨。生性好動又加上容易被天氣影響的我，因為下雨而被迫過著非動態的日常，開始變得有點神經過敏。

連續好幾天都只有在旅館中度過，帥氣開始觀察我的臉色。一定是我又擺著臭臉坐在一旁，嘴裡吐出「到底是想要我怎樣」之類的牢騷。雖然我記不太清楚，但有一件事是可以確定的。就是那些話肯定是一些非常幼稚又很無理取鬧的話。

帥氣今天也在觀察我的狀態。我甚至連回話或做出反應的心情都沒有，不管她說什麼我都癱軟地躺在潮溼的床邊。就這樣不知道過了多久，帥氣的手機液晶螢幕突然出現在我眼前。

「幹麼啊，這是？」

我不情不願地隨便瞄了一眼，卻發現小小的畫面上布滿了關鍵字「萬榮市按摩」的搜尋結果。

為了振奮我的心情，帥氣打出一張準確的牌。我非常喜歡按摩，喜歡到提起按摩就會神魂顛倒的程度。帥氣說「今天的療癒」將由這個地方負責，同時非常悲壯地吟詠出按摩店的名字。據說是她從那些在萬榮市的小村莊裡布陣的按摩業者中，除了合理的價格、乾淨的設施和優秀的實力等要素之外，還配合我喜歡的按摩風格，綜合各項評價之後做出的選擇。

啊，如果這位朋友的第二條X染色體雙腳不是交叉而是直直地併在一起，我絕對二話不說，立刻和帥氣結婚。

因為是共用的旅費，我自己一個人去按摩會覺得過意不去，因此我問了幾次「不和我一起去嗎？」，想要勸她一起。但是帥氣說像今天這種下雨的日子，比起按摩，她更喜歡一邊喝酒一邊聽音樂或看一部電影。儘管知道這個事實，儘管知道會被拒絕，還是要說出來的我的勸誘，其實是穿著勸誘外衣的感謝句。而且帥氣也知道我的勸誘並不是真正的勸誘。

「好好趴著，盡情地享受，要回來的時候，先去吃一個你最喜歡的冰淇淋，吃完再回來吧。」

到櫃臺結完帳的帥氣，帥氣地轉過身去。由於我的勸誘不是勸誘，所以我不再重複第二次。我問她打算做什麼，果不其然，她說她要回旅館看部電影。我一邊看著她匆匆忙忙地打開門走出去的樣子，一邊把雙腳放進足浴專用的溫暖熱水裡。在還沒輪到我的等待期間，服務生送上了一杯茶。我喝了一小口，整個口腔都被滋潤了，心情開始變成上升曲線。自己想想都覺得有夠狡猾。

我帶著慚愧的心將視線轉移到下著濛濛細雨的窗外，咦？怎麼會這樣？我以為已經走掉的帥氣竟然站在窗外，並且正在用相機拍攝我享受足浴及午茶時光的樣子。那位朋友，真的把我當成要好好疼惜的女朋友了嗎？正當我充滿感激之情的時候，等等……那短短的四肢一會兒彎曲一會兒伸直，不停地調整角度，進行各式各樣的構圖，甚至連店家的招牌都拍進去了，看來是要用來發表在部落格裡的。我就知道。

燃燒著攝影熱情的帥氣離開之後，一個身材跟手都很瘦小的寮國少女走過來要替我按摩。她展現了與她身形不符的強大手勁。她的手用力地按壓我身上的穴道，感覺堆積在我身體每個角落的憂鬱分子都被壓爆了。當我躺在一句話也聽不懂並且沒有人認識我的空間裡，將身體交付給素昧平生的陌生人時，我突然有了帥氣不在身旁的真實感。

「她有順利地回到旅館，並好好地看著電影嗎？」

大概過了一個多小時吧？推開及掃除身上頑強的灰塵及憂鬱的時間結束了。我用變得輕盈的身體走出按摩店，雨也奇蹟般地停了。這是所謂的身體支配著精神嗎？憂鬱感空出來的位置，充滿了對帥氣的感謝。為了這個只要有好喝的酒搭配好吃的下酒菜，世上萬事都會變得幸福的朋友，回旅館的路上我得去買點她喜歡的下酒菜，她肯定是獨自在旅館裡一邊喝酒一邊看電影。

可能是因為這段旅行的期間，大部分時間都黏在一起的關係吧？帥氣會用怎樣的姿勢、怎樣的表情，以及筆電螢幕會調整成怎樣的角度來看電影，我可以像是描繪眼前看見的景象一樣，將其描繪得栩栩如生。她肯定是呈現斜靠在床頭，右腳交疊在左腳上，筆電螢幕傾斜成一百二十度左右，兩手交叉放在胸前的樣子。右手還會拿著昨晚緊急用養樂多瓶製作而成的酒杯。

必須在那旁邊放上像樣的小菜才行。我煩惱了一下是否該買烤肉，然後改變了想法。我走進帥氣昨天、前天、大前天都埋頭狂吃的破舊小店裡，抬頭挺胸地大喊：「我要外帶一份青木瓜沙拉！」

謠言與事實

南非，約翰尼斯堡

聽說某個女旅人為了去非洲而剃光頭。

從飯店出來，十秒之內沒被搶劫就算是幸運了。

千萬不要帶著手機到處走。只要拿在手上，他們就會直接搶走。

留學的時候，我認識了一位來自蘇丹的朋友，他告訴我絕對不要去他的國家玩。

不知道是謠言還是事實，這些都是我們聽到的關於非洲旅行的故事。雖然為了避免事前就感到害怕，我們已經刻意不去聽了，但是路上遇到的旅人們在互相交換情報時，實在沒有辦法捂住耳朵不聽。

不過，儘管非洲具有這樣的惡名，我們想去旅行的欲望仍舊沒有減少的趨勢，最後我們決定去南非因治安不好而惡名昭彰的約翰尼斯堡。雖然也可以去開普敦，但是去那裡比飛往約翰尼斯堡還貴。即使在旅行中少吃一點、少穿一點，也沒多換來幾分金錢和安全，這是在據說很危險的中南美洲旅行期間，感受到「這裡也是人居住的地方」的經驗起了作用的結果。

從曼谷出發，到新加坡轉機時，周圍人們的面貌突然改變了。這幾個月來看到的、相對較親切的面貌全都不見了。修長的身高加上壯碩的身軀、生硬的表情、烏黑的自然捲。雖然沒有對我造成任何傷害，但是可怕的傳聞卻平白無故地在耳邊嗡嗡作響。我覺得他們順著頭形編出來的變化多端的辮子髮型很神奇，雖然很想看仔細，但可能會被認為是在找碴，所以只好強忍住並收回視線。

到達約翰尼斯堡之後，請服務臺員工推薦旅館給我們。雖然他傳來「竟然連旅館都沒打聽就跑來了，真的是什麼怪事都有啊」的眼神，但是幸虧他介紹了願意到機場來接我們的感人旅館老闆。在前往旅館的路上，看到窗外圍牆上的電網越來越多。治安到底是差到什麼程度，居然要設置那種東西？再次感到渾身充滿恐懼。

到了旅館，走過兩道門之後才看到院子。我們要入住的十六人房，完全沒有其他旅人的痕跡。而且空蕩蕩的旅館，實在是太冷了……因為是從極為悶熱的東南亞過來，感覺又更冷了。這麼想來非洲，卻連天氣都沒做功課，人還真是不容易改變啊。拿出所有可穿的輕量羽絨外套和襪子，通通往身上套。還鋪開久違的睡袋，一邊發抖一邊度過在非洲的第一個夜晚。

第二天早上，我覺得不能再這樣下去了，便決定去買些溫暖的衣服。在這種情況下，為了省錢，只好試著搜尋附近有沒有二手服飾店，結果發現距離只有兩公里，便決定走路過去。將所有的衣服拿出來，隨便疊穿在一起。照了一下全身鏡，我不禁想問，我真的是做過時尚設計的人嗎？

為了不要把手機從口袋裡拿出來，我將地圖裝進腦海中，然後走出旅館。幸好只要沿著大馬路直走就可以了。大概走了兩百公尺左右，都沒有看到人。一想到是荒涼的小村落，就覺得更加害怕了。還好再繼續走下去，路邊就開始有一兩個人出現了。他們全都目不轉睛地盯著我們這兩名個子嬌小的東方女子。感覺身體被他們凝視的眼神給推擠著。眼白實在是太白了，導致追著我們看的黑眼珠看起來更大。

「這裡可能是觀光客不多的地方吧。所以才會這樣一臉神奇地看著我們吧？」

現在就這麼害怕了，我不由得開始擔心往後的旅行是否能順利進行下去。不知道是因為冷，還是因為害怕，從頭頂開始起雞皮疙瘩。

要走的路也太遠了，路上看起來零零落落的人們，反而讓我們更加緊張。大概走了一公里多吧，我一看到遠處的高樓大廈，就莫名地覺得安心。既然有這麼大的高樓大廈，應該就會有很多人，而且這麼熱鬧，總會有一些觀光客吧？不過，這是怎麼回事？居然只有當地人。好不容易找到了事先搜尋到的建築物，但它卻是一個只有類似徵信社辦公室的落後建築物，根本沒有我們要找的服飾店。辦公室主人懷疑地看著找到這種地方來的兩個外國人，他說地址沒錯，但是這裡並沒有賣衣服，服飾店應該是搬走了。

有氣無力地走出來，然後環顧四周。開始有更多的黑眼珠追著我們看。在這種情況下，竟然還覺得肚子餓了。緊張感和飢餓感是毫無關聯的感覺嗎？正在尋找餐廳的我們，看見一個人潮洶湧的地方。蒸氣也噗嚕噗嚕地冒出來，難道是布帳馬車嗎？是我們喜歡的風格嗎？

一探頭過去，一位微笑及儀容都很溫暖的阿姨便招呼我們到塑膠椅那裡。她指著旁邊的人正在吃的東西，然後用手指比出「一」。馬上就送來一個塑膠盤子，上面裝著雪白色的團狀物和用醬料調味的肉。沒給湯匙和叉子，看來是要用手抓來吃。觀察左右兩旁的人，然後跟著他們做，捏一小塊白色玉米粉團，用手搓一搓，再和肉一起吃或者沾湯汁吃。

外國人跑來這種地方吃飯可能是很神奇的事情吧，全部的人都盯著我們看。我對著詢問「Good?」的阿姨豎起沾滿油汁的大拇指，並且大喊「Delicious, very good good!」。圍繞著我們的他們一邊笑一邊露出滿足的表情，溫暖的微笑緩解了緊張。

直到現在，才一副昨天也來過似地悠閒掃視這個村子。發現路邊正好有個地方堆著衣服在賣，我們一人買了一件看起來很溫暖的長袖T恤。兩人胸前各抱著一件T恤，然後走進內衣店買了新內褲。

回去的路上，心情和從旅館出來時有一百八十度的轉變。明明這裡也是人們生

活的地方，我們卻太過畏縮了。我們決定到超市裡買一些今天要在旅館裡吃的日常糧食。買了一些飲料和可用微波爐加熱來吃的麵包，買完要出去的時候，門口變成了鐵欄杆。而且門口還有塊頭壯碩的管理員，等他確認發票和袋子裡的物品一致之後才會放人出去。如果是剛才的話，一定會覺得很緊張，但是現在不會了。就只是「治安似乎不是太好啊」的這種感覺吧？

我開始期待了，瞭解他們生活的世界。

我們沒有錢，難道也沒有浪漫嗎

納米比亞，塞斯瑞姆

「預約全滿了？」

不知道明天要去哪個國家、停留在哪個城市的毫無準備的旅行，轉眼間已經過了一年八個月。果真不可能預先做好計畫、決定、預約之類的事情。然後，這次果然也是沒有房……不對，這次是沒有車子。

我們決定租車在非洲大陸上旅行。這並不是一般的方法，在道路凶險且大眾交通不發達的非洲大陸，大部分的人都是利用「卡車」來旅行。一種搭乘改裝成適合旅行的大卡車到偏僻地區旅行的方式，在國外，這種方式更廣為人知的名稱是「Overland Tour」，和二十至三十名來自世界各地的旅人一起旅行。

藉由旅行社提供的行程去旅遊，不僅便利，還能結交許多朋友，而且也很安全，雖然有很多充滿魅力的優點，唯獨有一個缺點。貴，而且是非常貴。因此我們選了不一般的方式——個別租車旅行，雖然不方便、很繁瑣、不容易，但是我們並不在意，因為很便宜。明確的缺陷有時候會帶來明確的選擇。

除了車子，我們的租車旅行還需要借用一樣東西，旅伴。說得更準確一點，就是會開車的旅伴，因為我們是對開車沒有把握的「衣櫥駕照[18]」持有人。就這樣根據各自的需要，我們組成了總共四名成員的「非洲復仇者聯盟」。從納米比亞首都溫荷克出發，一直到位於尚比亞和辛巴威之間的維多利亞瀑布，用汽車露營的方式來進行此路程，這個充滿野心的計畫是由四名初次見面的男女訂立出來的。

就這樣充滿氣勢地進入租車公司，結果人家說所有的車輛早在幾個月前就被預訂完了，真是晴天霹靂。完全沒想到，六月，是納米比亞的旺季。雖然趕緊到其他租車公司詢問，但是情況也都是一樣。到處都沒有可以載著我們四個奔馳的車。

不知該如何是好，只能不停地眨著眼，相貌堂堂的租車公司老闆說他哥哥也是開租車公司的，叫我們先等一等，說他要幫我們想想辦法。大概是成員們原本挺立的肩膀，現在都像洩了氣的輪胎一樣縮了下去，讓人覺得很可憐吧。無論是可以兩臺車同時走一個車道的小型車還是其他什麼車都好，只要能租借，即使要我下跪我也願意。等了十分鐘之後，打了好幾通電話的他，終於向我們轉達訊息。

「開心點，我調到車了。但是……」

我聽出了那混合在安心的嘆息聲和歡喜的尖叫聲之中的微妙語調，居然加上「但是」。什麼啊，這種令人忐忑不安的感覺。是啊，不管是韓文還是英文，只要是出現在「但是」或「But」後面的句子，不都是整句話的核心嗎？

他再次詢問後掌握到的情況是這樣的，雖然租車短缺，但是由本地司機駕駛的包車服務還能約。不過，司機的食宿費用必須由我們負擔。儘管這是意料之外的選項，但現在可不是挑三揀四的時候。即使把追加的費用加進去計算，還是比那個該死的卡車費用便宜很多！完全沒必要多加考慮。

第二天早上，命中註定的銀色多功能休旅車滑進旅館。與韓國相反的右邊駕駛座上，坐著一位素未謀面的司機。他笑得非常燦爛，笑到眼睛都快不見了，他介紹自己是「丹尼斯」。他觀察著未來要共度一週時間的成員，臉上適當地刻上鮮明的皺紋。似乎是個好人，太好了。令人尷尬的自我介紹時間結束之後，我們迅速地將背包放進後車箱，首先要前往的地方是大賣場。

⑱ 放在衣櫥裡的駕照，意指有駕照但幾乎沒在開車的人。

為了露營聚在一起的我們，別說露營裝備了，連一支湯匙都沒有。大概就是說要騎腳踏車環遊全國，打包行李離開家之後才去買腳踏車的那種感覺。雖然是由經歷差不多的露營新手組成的烏合之眾，但是購物卻很認真。在購物方面，每個人都有自己的原則和標準。第一，必須不貴；第二，必須便宜；第三，必須價格不高昂。放進購物車後又拿出來，來來回回好幾次。精挑細選之後存活下來的最精銳的部隊，才能推往收銀臺。

終於出發了！第一天的目的地是塞斯瑞姆露營地。

它位於世界上最古老的沙漠——納米比沙漠的南部，也就是納米布-諾克盧福國家公園。那裡面還有另外一個被沙丘環繞的沙漠「索蘇維來」，為了進入這個沙漠，必須先住在塞斯瑞姆露營地。納米比的意思是「不毛之地」，還有比這更適合用來作為沙漠的名字嗎？

我們決定在被稱為「非洲隱藏的寶石」的那個地方度過一天，隔天到索蘇維來的「45號沙丘」上欣賞日出。光用想的就覺得很刺激。轟隆，充滿力量的聲音取代了好像快要爆炸的心臟，引擎發動了。彷彿只是暫時在市區奔馳一會兒，不久之

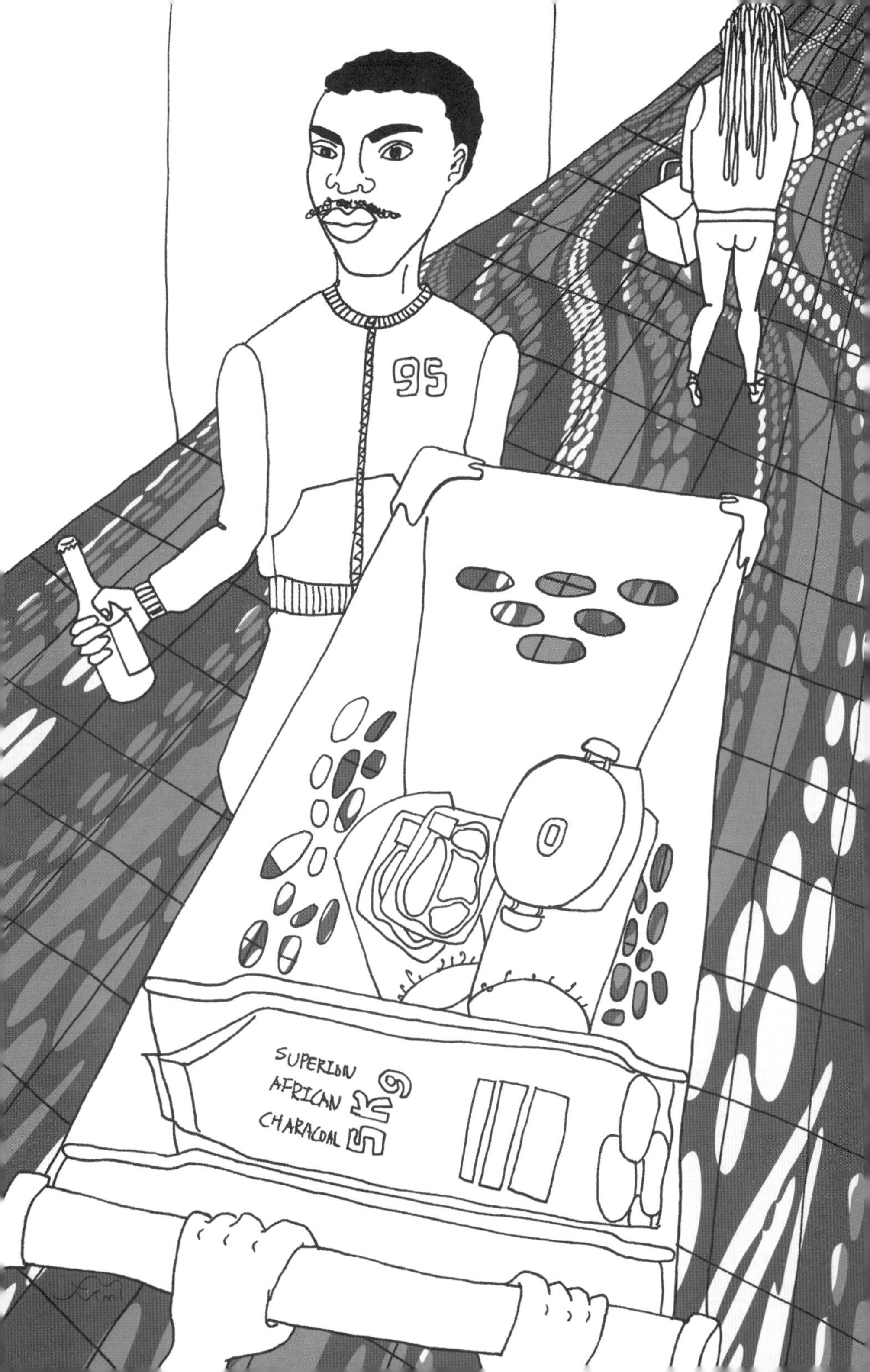
95
SUPERION
AFRICAN
CHARACOAL

後，就能將飛揚的白色塵土當作濾鏡，看著窗外不斷掠過的非洲得天獨厚的自然景色。由於路面不太平整，老舊的車款不斷地搔癢著屁股，即便如此，心情還是很好。

終於，車子在塞斯瑞姆露營地停下了。由於時間遠遠超過當初預計的，窗外已經夜幕低垂，而且因為長時間蜷曲在車上，感覺身心都融化了。露營地下午五點半就關閉了，而我們到達的時間早就超過五點半，門當然是關上的。因為進不去，只好在路上，不，是在地上過夜了。然而，這並不是什麼大問題。真正的問題另有所歸，通往日出勝地「45號沙丘」的入口會於凌晨開放，但入口在露營地裡面。哈哈……我們到底是為了什麼而馬不停蹄地奔馳呢？

時候到了。在完全無計可施之時出現的本能，現在正是使用該技能的時刻。小心翼翼地朝著應為露營地管理員的人走近，然後露出馬上就要決堤的眼睛。

「請讓我們進去。好嗎？」

沒有那麼容易。雖然大門已經關閉也是個問題，不過更大的問題是，我們是在旅遊旺季中沒有預約的不速之客。即使是在黑暗之中也能感覺到對方充滿為難的眼神。可是如果就此放棄，也未免太可惜了。我們苦苦哀求說不給我們露營的區域也沒關係，只要讓我們進去就好了。

難道是真誠感動天嗎？原本態度堅定的管理員，叫我們稍等一下，然後離開位子。情況突然改變，我們手裡捏著冷汗等待著，過了好一陣子他才回來，對我們丟下一句話。他說還剩一個偏僻的地方，但條件非常惡劣，問我們能否接受。

偏僻？非常惡劣？呵呵呵，就算是偏僻惡劣的地方，我們也非常想要入住。連忙將所有可以表示感謝的句子都說了出來。一辦完入住手續，他就帶著我們在廣大的營區內轉來繞去，然後抵達某個真的極為荒僻且比想像中還要糟糕的位置。

我們深怕他改變心意，手忙腳亂地搭起帳篷，由於一整天只用一包洋芋片果腹，因此暴怒的胃開始躁動了起來。將準備好的裝備一字排開，有條不紊地開始準備烤肉。木柴、木炭、不銹鋼鍋、鋁箔紙、烤肉夾、免洗筷、塑膠杯……沒了。嗯？以為買了很多東西，拿出來才發現竟是如此稀少。雖然有種赤手空拳進行野外求生的感覺，但我們決定要正向思考，真正的高手才不會怪罪於裝備。我要以最惡劣的用具烤出最棒的肉！火都還沒升好，意志已經先燃燒起來了。

開始動手吧。首先，先把裝肉的保麗龍容器變換為砧板。接著拿出多功能小刀，利用小刀將洋蔥切塊，過去這段期間，不管是割斷繩索、修理故障的背包，還是削水果皮，都是靠這把萬用小刀。用剪刀在香腸上剪出一道道剪痕，然後將鋁箔紙鋪在鍋子上。在沒有平底鍋和烤肉架的情況下，這是唯一的方法。現在只要生出火來，就可以吃到露營的精髓、露營的心臟——烤肉！夢想近在眼前，依稀可見。

因為沒有爐灶，所以就用大石頭圍成一個圓圈，當作放鍋子的爐臺。呈現出「沒有牙齒就用牙齦，沒有牙齦就用口腔骨骼咀嚼」的姿態。在石頭圈內堆疊木柴金字塔，再將木炭隨意亂放在底部。因為好像在哪裡見過，所以就將掉落在地上的樹枝、乾果及落葉之類的東西，塞在木炭之間，然後點出令人滿意的火。似乎有發出劈劈啪啪的聲音，但是火很快就熄滅了。哈，為了省錢買下便宜的木炭，結果落得現在這個局面？放著笨拙的手不管，責怪起無辜的裝備。對於因為「貴」這一個理由而將瓦斯噴槍從購物清單中剔除的自己，感到無比的怨恨。

眼前有血色鮮紅的肉卻不能吃，簡直快把人逼瘋了。就這樣和木炭纏鬥了一段時間，腦海中突然閃過一個奇特的東西，就是助曬噴霧。出發前其中一位旅伴跑去買助曬油，卻因為溝通不良而買到助曬噴霧，成為眾人笑柄的那個東西。我小時候曾經目睹以滅蚊殺蟲劑和打火機的組合噴射出火焰的場景。雖然不是滅蚊殺蟲劑，但是噴霧應該都差不多吧？

我背負著所有人的期待，小心翼翼地發射噴霧。認真地向木塊發射助曬噴霧的人，以及更加認真地注視著她的其餘同伴。木柴啊，變性感吧，以古銅色熊熊燃燒吧……小妙招奏效了。原本已經熄滅的火又冒了出來。立刻拿出從泰國路邊撿來的超俗紅色橡膠扇猛搧，以免錯失任何良機。扇子以每秒二十四幀進行刷新，為火種注入活力，火終於開始燃燒起來了。助曬產品特有的椰子油香氣也開始瀰漫在整個露營地裡。這是個甜蜜的夜晚。

沒有多餘的時間沉浸在感性之中，有句話說「當機會來臨時，請牢牢抓住它。」以悲壯的動作在頭上裝戴頭燈，這是在自然環境中想要上廁所但又沒有光源的時候，為了讓雙手可以自由地進行善後工作而準備的物品。不過，像今天這種日子，我們決定將它本來的功能拋諸腦後，以藝術的角度將它用在烤肉這個高貴的目標上。鍋子的熱氣一升上來，我就放上期待已久的第一塊肉。

受到眾人期待目光的那一塊肉……立刻發出令人失望的聲音。一般來說，放到火焰上方的肉都會滋滋作響並且冒出煙氣才對，可能是因為鍋子太薄，熱度一下子就逸散掉了。儘管發揮了匠人的精神，香腸和肉都已經烤了非常久的時間，還是只有血色消失而已，我用小學生使用的小剪刀粗略地將肉剪成一小塊一小塊，不抱任何期待地放一塊肉到嘴巴裡。豬油蔓延在舌頭上，軟嫩的肉在牙齒間化開。嗯？這個味道是？祖先們說的話一點也沒錯。飢餓就是最好的調味料。雖然烤得十分差勁，但肉還是很香。有一種想對犧牲自己來養肥我的豬鞠躬行禮的心情，非洲首次露營的滋味令人情緒激動。

一旦胃出現某種程度的油膩感，對酒精的想望理所當然地變得迫切，於是拿出了今天的重頭戲——袋裝紅酒。囊空如洗的旅人們，會為了要買一個還是兩個帳篷而展開舌戰，會說出「即使沒有平底鍋，只要有一個鍋子，煮湯和烤肉都可以解決」這種話，雖然散發出窮酸味，但是，我

們沒有錢，難道也沒有浪漫嗎？

紅色的納米比亞少不了紅色的酒。雖然是為了從中挑選出最便宜的酒，才買了料理用而非飲用的袋裝紅酒，但我們毫不在意地撕開袋口。那麼，現在就正式來品嘗一番吧。正當我們在一口紅酒與一口烤肉之間來回奔波的時候，有意想不到的夜客來訪了。是路過的沙漠狐狸，應該是來觀察我們，不對，說得更精準一點，應該是來觀察烤肉的吧。

「你的烤豬肉之所以珍貴，是因為你在烤豬肉上投注了時間。」彷彿小王子附身似地喃喃自語，我噗哧一聲笑了出來。

各種毫無關連的話語毫無順序地成為話題。與此同時，裝著紅酒的酒杯也不停地上上下下。仰起頭來爽快地大笑，明亮的月光撒落在臉上。

「好像前幾天才看到新月啊，已經變成滿月了嗎？」

剛才為止都還看不到的星星，也一次升了上來。袋裝紅酒、歌曲、星星、笑容、人、利用助曬噴霧生火的營火，以及非洲。身體在飄渺中搖搖晃晃，星光散布在眼睛裡。擠出最後一滴紅酒來喝的時候，浪漫從頭上垂落下來。

想念想念

納米比亞，庫內內

我很喜歡大象，喜歡到自己想來都覺得奇怪。和臉一樣大的耳朵配上比臉還大的鼻子，厚實的膝蓋下方是粗糙的腳，胖嘟嘟的屁股上掛著可愛的尾巴。光是長相就很致命了，竟然還是陸地上塊頭最大的草食動物，哪裡還有比這更有魅力的反差萌？在乾燥且粗糙的皮膚間發出善良眼神的大象。要不然我怎麼會連養育大象的方法都調查過了呢？運氣好的話，今天有可能可以見到我心愛的大象。

來非洲之前，我腦海中的畫面就只有兩個。裹上天然彩色花紋衣服的女人們，在廣闊大自然中生活的大象。我已經看過花紋女人了，而且以後還會見到無數次，但是大象不一樣。牠並不是去市場或搭公車就能見到的朋友。一面想著「總會在非洲大陸的某一個地方見到吧？」一面展開租車露營之旅，不過機會來得比想像中還快。也就是我們現在所處的埃托沙國家公園。

這裡是非洲的三大國家公園之一，遊客可以在沒有導遊的情況下，親自開車遊覽公園，觀賞各種動物。白天已經見到斑馬、長頸鹿、水牛等朋友了，彷彿進到只有在電視上看過的動物王國，雖然把頭伸出天窗大聲歡呼，還是覺得有些遺憾。

因為我想看大象。比起看到十隻獅子，我更渴望看到一隻大象。正當我覺得遺憾的時候，有一個資訊傳入了我的耳裡。我們住宿的露營地附近有很多水坑，只要去那裡，就有可能見到大象。天色暗下來之後，會有各種動物到水坑喝水解渴，其中也包含大象。拿著喝到一半的啤酒，匆匆忙忙地移動腳步。這是我旅行以來，最興奮的一次。

「今天一定要見到。雖然看到獅子、鬣狗也令人覺得很神奇，但是如果只能選擇看一種動物，我一定選擇大象！牠會以什麼樣的面貌出現呢？如果是帶著小象的大象一家人就好了。」

即使咕嚕咕嚕地喝著啤酒也無法輕易地使興奮之情平定下來，走去的路上我不斷地在偽善的耳邊嘰嘰呱呱。

水坑的圍牆前面，已經有不少人設置好有如大砲般的相機，其餘沒有占到好位子的人則零零散散地坐在各處。大家都在想著想看到的動物吧，也可能是在想著不管看到什麼動物都沒關係。

選定位置，咕嚕咕嚕地喝著啤酒，空氣彷彿靜止般的安靜。這段期間，雜亂的聲音來回流傳。是人們各自低聲細語的聲音。感覺好像坐在公演開始前一分鐘，燈光被轉暗的觀眾席上。廣闊的大地上，有被稱為水坑的舞臺、映照著那個地方的燈光、各自等待著心中主角登場的觀眾。

太陽漸漸下山了。怎麼會連一朵如灰塵般大小的雲都沒有？美麗的光線乾淨整齊地融合在萬里無雲的天空中。因為需要增添感性的背景音樂，於是我翻找手機裡簡陋的播放清單。雖然整趟旅行中一直在聽這些歌曲，但我還是很仔細地挑選歌曲。Mondo Grosso的〈1974-Way Home〉。好像很適合現在這種很沉靜，又稍微帶點緊張感的氣氛。

將耳機塞入耳朵，一按下播放鍵，單純的鋼琴聲便慢慢地流淌出來，並融入朝大地另一端降下的沉重晚霞裡。如此美好的音樂配上如此美麗的風景，在這裡坐上一整晚似乎也很不錯。當平靜的鍵盤旋律底下開始鋪綴爵士鼓節奏時，眼淚突然流了出來。

這是什麼沒有預告、也沒有緣由的神展開啊？令人感到驚慌失措。根本就還沒看到大象，明明眼前就只有草原和水坑而已，但注視著空蕩風景的我的模樣，卻被鮮明地勾勒出來了。一種有朝一日結束這趟旅程時，這個場景將會記得很久很久的感覺，比那個火紅的天空還要更加炙熱地動盪著。一邊提前想念根本還沒開始的想念，一邊把眼淚擦乾。

生活中多少會有一些這樣的瞬間，非常幸福洋溢的時候卻突然悲傷起來。和朋友們大聲地唱著生日快樂歌，第二天卻用這張嘴獨自喝著海帶湯；看到華麗的演出，拍手拍到指紋都要磨損了，卻馬上用這雙手抓住地鐵把手，一路匡噹匡噹地搖晃回家；光是手被握住也會悸動的內心，卻不知不覺想要將他抹去。

我經歷了人生的每個瞬間。所有的美好瞬間，就如同字面上的意思，只不過是一瞬間罷了。我早就知道不可能會是永遠，當下感受到的這一瞬間也正在流逝。深切刻骨地想念著逝去的時間。時間越是美好得希望它能暫停，就越會提前適應與其相反的失落感。我想，就這樣沒看到大象也很好啊。

等待的時間已經夠好了。即使不完美，即使沒有實現，這個過程已經夠開心了，美好到令人落淚。

突然有一隻胡狼跑過來喝水，喝完又回去了。感覺自己踏入了牠們生活的世界，窺視著牠們的生活。一個迄今為止我從未親眼看過，卻每天都照常運轉的世界。無緣無故又哽咽了。

不知道過了多久，我感覺圍繞著我們的空氣變得不一樣了。到處都是如風聲般的竊竊私語。雖然大家都很努力地壓低嗓音，但是掩蓋不住的興奮之情早就在空氣中飛來飄去了。緊接著就出現相機的快門聲。我的直覺告訴我，肯定是出現了什麼。隨著某個人指向某處的指尖看過去，我看到遠方漆黑的草叢間有撥弄草叢的動靜。劃破寧靜並且逐漸走近的腳步聲，碰咚、碰咚。

啊啊……是一群大象。既笨重又緩慢，碰咚、碰咚。一隻撥開草叢走出來，然後又冒出另一隻，後面又跟著一隻……竟然足足有十隻走過來。而且還看到了身高還不及大象媽媽肚子下緣的小象。牠們圍著水坑，所有大象都伸長鼻子吸水，然後把水送進嘴巴。牠們的生活似乎就是這樣，各自用各自的速度和動作，悠閒地走進水裡然後再走出來，繞著水坑走，走一走又暫時休息一下。小象緊貼在媽媽身邊，小口小口地喝著水，或者是在石頭上玩耍。比想像中的樣子還要溫馨。

我屏住呼吸，將牠們的一舉一動裝進眼裡。牠們呆呆地等著最後一隻大象將鼻子從水裡收回，然後慢慢地消失在黑暗中。朝向那個鋪展在草叢後方，那個看不見的，牠們的世界。原本蜷縮著的脖子和肩膀頓時鬆開了，然後我發出短短的讚嘆聲。終於看到了，完美無缺。

「該回去的時候來臨時，自然就會知道。」我想起在旅行中相遇的某個人對不知道要旅行到何時的我們所說的話。突然覺得時候將至。雖然還是很享受旅行，但是現在我好像不會再那麼拼命地持續下去了，出來旅行之後第一次有這種想法。

我想一個人整理一下思緒。我靜靜地向偽善使眼色，然後悄悄地站起來。非常瞭解我的她，既沒有問我理由，也沒有跟過來。回到露營地，我凝視著高掛在帳篷上方的滿月好一陣子。有一天結束旅行回去之後，當我凝視著滿月時，似乎

會想起這個場景。希望那個時候不要像今天一樣邊哭邊想念，而是邊笑邊回憶。

然後，現在我要盡情地享受這個感動。意外地將突然浮現的想法毅然決然地整理好了。再次將耳機塞入耳朵，按下播放鍵。曲名當然是Mondo Grosso的〈1974-Way Home〉！

做還是不做

納米比亞，斯瓦科普蒙德

有種不好的預感。從夜晚開始下的雨，一直到早上都還淅淅瀝瀝地下著。只要下雨我就會陷入瘋狂，並且瘋狂到打開窗戶直盯著天空看、跑出去淋雨的程度，但是，我現在會這麼不安是有原因的。因為結束在塞斯瑞姆的首次露營之後，我們便往西北方前進，來到了斯瓦科普蒙德這個地方，可是在這裡的行程很緊湊。

離開家裡已經一年九個月了。明明回去的機票跟日期都沒有預先安排，竟然還說「很緊湊」，你可能會認為這又是什麼非洲在下大雪的鬼話。但是，從納米比亞的首都溫荷克開始，途經塞斯瑞姆、斯瓦科普蒙德、埃托沙，再到尚比亞的維多利亞瀑布，這些行程必須在七天內完成。這是因為租賃汽車的歸還期限。由於要走的路程還很遙遠，因此能夠享受這個地方的時間，就只有今天一天而已。

斯瓦科普蒙德被譽為非洲的歐洲小鎮。據說連納米比亞人都會來這裡度蜜月。再加上與沙漠、大海相連接的神奇地形，因此聽說這裡也是野外活動相當發達的渡假勝地。然而，那個朝氣蓬勃的樣子，一丁點兒也看不見，天空一片黑壓壓。天氣也是旅行的一部分，如果遇到陰天，就盡情地享受陰天的樣子就好了。反正是沒有錢但有很多時間的旅人，如果想要享受晴天，就等到晴天出現就好了。但是因為在這裡的時間有限，所以所有旅伴都帶著失望的神情上車出門。

唉唷喂呀，這是什麼？外面凶險的樣子更加可觀。左邊是沙漠，右邊是大海。即使暢快地在那稀有且珍貴的風景之間穿梭奔馳，卻還是如同進入幽靈城市般，令人毛骨悚然。

「怎麼會大海旁邊就是沙漠呢？不覺得很像電腦合成的嗎？」

雖然努力地炒熱氣氛，還是不足以提升低落的情緒。連車子都莫名其妙地被拖來海邊，真的是有夠慚愧。在濃密的雲霧中，天空與大海的界線已經消失了，只有淺灰色的泡沫，淒涼地撲進看起來毫無希望的深藍色大海裡。連坐在警示牌上的海鷗都一臉冷漠。心情跟梅雨季晾不乾的衣服一樣溼答答的。

哎呀，管它是野外活動還是什麼，正好可以回旅館喝燒酒。難道沒有可以撿來當下酒菜吃的東西嗎？就算是迷路的章魚也好，如果牠坐在岩石上就更好了，但是連一般常見的貝殼都沒看到。

「是啊，還有誰看過如此陰沉的斯瓦科普蒙德嗎？不如就當作是一種特別的體驗吧！」

以正向積極的想法看待此事，並且咀嚼剩餘的遺憾。今天一定要進行跳傘的兩名旅伴，一聽到輕型飛機因為陰天而無法起飛的消息，就變得無精打采的，然後又突然說至少也要去騎個四輪越野摩托車，在沙漠中奔馳才行。待在家裡就渾身不對勁且變得憂鬱的偽善，也不甘示弱地看著我。六個眼珠子盯著我看。雖然暫時停頓了一下，但是已經屈服於煩躁心情和陰天的我，搖了搖頭。因為我並不是沒有騎過四輪越野摩托車，沙漠那種東西也不是第一次看了。與其在陰天被嗡嗡響且充滿水氣的空氣夾擊，不如乾爽舒適地待在家裡看電影還比較好，如此顯而易見的事情就不用我多說了吧。

「……沒關係，你們去吧。我想一邊看電影一邊喝啤酒。」

偽善不可能忽略那個短暫的猶豫。她吵著要我一起去。我怎麼會認輸？我堅決地打開手上的罐裝啤酒。但是對手是偽善。如果奧運有說服這個項目的話，金牌、銀牌，甚至銅牌都將由她一個人全包，對她來說，我會輸早就是既定的事實了。

「帥氣啊，當你考慮要不要做的時候，先試著做做看，你覺得如何？不要因為不做而留下遺憾，做了之後再來後悔吧。這樣不是比較帥氣嗎？」

「嘖。像今天這樣的日子，你沒事耍什麼帥啊，煩死人了。」

因為偽善那句當頭棒喝的話，我最終還是站起來了。那個討人厭的傢伙，知道該怎麼操控我。我決定先做，做完再來後悔。啤酒白開了，我把一口都沒喝到的啤酒放在餐桌上，不抱任何期待地出門了。晚上回來之後，再一邊卡滋卡滋地咀嚼肯定沒什麼的四輪越野摩托車騎乘體驗，一邊喝著剩下的啤酒吧。

一被分配到地球防衛隊的頭盔，天空就開始露出奇怪的光芒。這種天氣要漸漸轉晴的感覺是怎麼回事？難道是上天被堅定的決心給感動了，所以拋下一些陽光嗎？天空一變回蔚藍的面貌，沙子便毫不留情地閃閃發亮，彷彿在詢問：「天氣什麼時候不好了？」興致當然開始高漲了。往旁邊一看，偽善已經像看到雪的小狗一樣，正在到處撥來弄去。

大家按照指導員的信號，一個個出發。在墨西哥的叢林中，我們已經騎著四輪越野摩托車，在綠色樹林間的粗糙碎石路上疾馳過了。我認為應該是差不多的，沒想到在沙漠上騎乘的滋味竟然會有如此明顯的差異。用力地踩踏在密實且柔軟的沙子上，彎來彎去，爬上爬下。我感覺我這個小小的點，正在輕輕地劃破沙漠。一邊大叫一邊奔馳，過了好一段時間，因為指導員的信號而停了下來。當所有人都聚集在一起時，自始至終都很冷淡的他，突然從口袋裡拿出什麼東西，然後在沙子上掃來掃去。

「……什麼啊？啊哈！原來是磁鐵啊！」

因為是含鐵量豐富的沙漠，用巨大的磁鐵掃過沙子，一下子就收集到好幾把鐵粉。大叔利用收集到的黑色鐵粉迅速地在沙子上寫字。

Welcome, Namibia Dune.

啊哈，您是為了寫這個才這麼真心誠意地收集鐵粉嗎？我們的指導員，我以為他是冰冷的大海男子，原來是溫暖的沙漠男子啊！什麼嘛，讓人心情更好了！

盡情地玩過之後，現在該是回去的時候了。所有人如維也納香腸般，一個接著一個地跟在指導員後面。朝著出發地點，越過一座又一座的沙丘，最後「嘿咻」一聲，越過一座高大的沙山，看看這是什麼？大海，是大海。是在沙漠中看到的大海。哈……什麼嘛。心臟受到猛烈的一擊。

這種虛幻不現實的場景，在沙漠中凝望大海的朦朧恍惚之感！騎著四輪越野摩托車翻越無窮無盡的沙丘，一時之間忘記沙漠旁邊就是大海。比蔚藍的天空還要藍的大海，以及在那之間照射出一條金色大道的閃耀陽光。這真的是我早上看到的那個淒涼大海嗎？完全給了曾經猶豫「做還是不做」的我一記重擊。酥麻的感覺流過我的全身。再次轉動把手催油門，朝向大海奔馳，並且大聲喊叫。雖然因為稚氣未脫而顯得俗氣，但好像莫名其妙就成為令人感動的青春電影的主角了。

如果因為天氣陰沉而待在旅館裡看電影，當然也會有它自己的一番風味。但是，我就絕對體驗不到如此驚心動魄的美麗了吧。而且不管斯瓦科普蒙德對別人來說是度假勝地，或是歐洲，還是什麼，對我來說可能就只是個下雨的城市吧。

再一次領悟到了，再一次下定決心。

第二章

夜半脫逃之路

當我考慮做還是不做的時候，
儘管做了會後悔，也要先嘗試再說！

穿粉紅色衣服的小女孩

尚比亞，路沙卡

自從來到非洲，就開始因為錢而備感壓力。由於這裡是交通、觀光基礎設施不發達的地方，所以交通費、住宿費都比想像中還貴。每移動到一個國家的時候，需要的簽證費又是多麼邪惡。只要看到快速地被扣除的帳戶餘額，我就不斷地想到錢、錢、錢。不管是吃飯的時候，或是預約旅遊行程的時候，還是搭公車的時候，都會不由自主地皺起眉頭。因為住宿費很貴，所以無法悠閒地停留在一個城市裡，做完這個就必須移動，看完那個就必須移動。可以減少的支出就只有飲食費而已，因此連旅館的早餐都有按時吃了，但是肚子又餓了。要是能略過一餐就好了，這個誠實地叫餓的肚子，真的既討厭又麻煩。

走出旅館。在太陽升起的大白天裡，我對尚比亞首都路沙卡的第一印象是「枯燥乏味」。是因為人們表情平淡無趣的關係嗎？難道多雲的天氣也貢獻了一己之力？還是因為散落在地板上的我的煩躁？我覺得這個城市是沾滿了黃色塵土的灰色。

正好旅館附近有一棟兩層樓的購物中心。雖然不是很華麗，但是跟周圍看得見的建築物相比，就顯得非常高級。到處察看有什麼可以吃的，不知道是不是因為購物中心位於黃金地段，大家都覺得價格有點貴。就算只差一分錢也想找便宜的食物，因此我們在購物中心裡搜索了好久，仍然沒有發現什麼不一樣的東西。

最後，我們走進一家位於購物中心一樓的餐廳，並且點了菜單上最便宜的食物。即便是這樣，比想像中昂貴的價格和遠遠不及價格的味道，還是留給我們滿滿的失望。像機器一樣反覆做著用右手捏一塊玉米粉團，再沾上炒蔬菜來吃的動作。

這時，突然有陌生孩童的手往餐桌上伸了過來，並且攤開手掌。我嚇了一跳並瞄了一眼，看起來是個頂多才小學五年級的小女孩。我之所以能在這麼短的時間內做出這樣的判斷，是因為她穿著粉紅色的卡通T恤。從那件衣服，我感覺到她的年齡最多就是這麼大了。小女孩一直沒把伸出來的手收回去，面無表情地看著我們，我立刻明白這意義不明的行為是什麼意思。

小女孩的左手伸向我們，右手則挽著一位閉著眼睛且上了年紀的女人。原來是視覺障礙者啊。雖然我不知道她們之間的確切關係，但感覺應該是她的媽媽。小女孩一邊向我們展示她那讓人一目了然的處境，一邊索取錢財。似乎總是這樣兩個人一起向人乞討，非常自然地。這瞬間，我腦中掠過各種想法。即使只有一點點，也應該要幫忙吧？不，我們是沒錢的旅人。儘管如此，也還是可以在有屋頂的房子裡睡覺、可以吃著熱騰騰的飯，不是嗎？不對，我每一天都因為旅費而備感壓力。

我為了整理思緒，所以沒有做出任何反應，小女孩憤怒地瞪了我們一眼，將伸出來的手收了回去，然後轉身離開。我正在想「有必要這樣瞪人嗎？」的時候，突然看到轉身的小女孩手上掛著一個罐子。是可以清楚地看到裡面的透明塑膠罐，裡面有小娃娃、蝴蝶結髮夾、鑲著假鑽的串珠手鍊、各種顏色的髮圈等等，大約已經裝滿四分之一左右。

喉嚨哽咽了起來。原本只是憑卡通T恤推測的小孩年齡，突然有了真實感。非自願選擇的貧窮，和別人不一樣的媽媽，自己也不知道該怎麼辦的環境。跟同齡的朋友們一樣，寫作業、出去玩、打扮自己，應該有很多想做的事情吧。有去學校，還是無法去學校？明明正值作夢的年紀，卻好像理所當然似地過著這樣的生活，陪伴在眼睛不方便的媽媽身邊，向生平第一次見到的人要錢，那個小女孩究竟是怎樣的心情呢？提著自己心愛的飾品和玩具到處走，就能獲得一點點心靈的安定嗎？她有多麼努力收集呢？惡狠狠的眼神裡隱含了什麼東西呢？

去了許多國家、許多城市，當然會遇到貧困的人。艱辛抱著嬰兒的母親、穿著看起來髒到不能再髒的衣服的大叔、推算不出來幾天沒洗澡的孩子們等等。

我跟許多旅人交流過旅行的故事。有人說若為了行善而遞出幾分錢，他們可能會因此無法拋棄這樣的生活，也可能會因此拒絕受教育的機會。換句話說，以長遠的角度來看，這種想要幫助人的善心，有可能會使他們的生活失去改善的空間。我因為心裡不好受，所以總是避開；因為不想走進他們的悲傷之中，所以轉頭裝作沒看見。除了將行善不是最好的方法當作藉口轉身離去之外，我什麼事也沒做。

我現在可以做什麼呢？不能做什麼呢？

在我自己選擇的旅行中，時時刻刻都因為錢而搞得神經兮兮，我的心裡還有稱之為滿足的情感嗎？除了想用幾分錢來消除不好受的內心以外，還有其他努力的行動嗎？

那個連名字都不知道的小女孩，她的粉紅色T恤清楚地留在因塵土及烏雲而變得灰濛濛的城市之間，擦也擦不掉。

一百一十一公尺

辛巴威，維多利亞瀑布

我決定去高空彈跳。

從一百一十一公尺的高空。

位於非洲大陸南部國家尚比亞和辛巴威之間的維多利亞瀑布，與北美的尼加拉瀑布、南美的伊瓜蘇瀑布並稱世界三大瀑布之一。這裡戶外活動相當發達，有各種用全身去感受大自然的行程。其中我最感興趣的是，在連接兩國的大橋上，往下方悠悠流過的尚比西河跳下去的極限運動——高空彈跳。聽說高度足足有一百一十一公尺高。雖然因為數字的雄姿而稍微猶豫了一下，但是並沒有猶豫太久。

要是以後後悔了，因此說出：「我還要再來這裡！」但這個地方不會太遠了嗎？韓國和非洲之間的物理距離拉近了想法和行動之間的心理距離。更何況我們在這趟旅行中，已經做過潛水、飛行傘，甚至還有跳傘，不是嗎？這點程度，輕輕鬆鬆就能做到！我豪邁地向帥氣做出承諾。

工作人員遞給我的文件上，寫滿對意外事故不追究任何責任的切結事項。雖然我看過二〇一二年在這個地方發生的高空彈跳意外新聞，但是我並不介意，我決定要進行挑戰。事故發生之後肯定會更確實地做檢查吧？毫不猶豫地簽名之後，我站上體重計。工作人員將測量到的體重，用麥克筆大大地寫在我的手臂內側。

咦？好像有點不太對勁。這是我這輩子從來沒見過的數字。開心地攝取世界各地的各種美食和所有酒類，結果就是反映在這個悽慘的數字上。由於旅行中沒有什麼需要量體重的事情，就只是覺得「緊身褲似乎沒有之前合身了」。在以看得見的方式將所謂的「合身」一詞表現出來的數字面前，我否認了現實。不可能是這樣，一定是搞錯了，將手臂上的數字徹底地掩蓋住，因為這不是我的體重。

我前往跳躍地點。擠滿跳臺的人可分為三種。

已經結束挑戰，悠閒地觀看緊張的其他人的高空彈跳前輩；尚未通過那個世界的關口，不斷發抖的後輩；以及這所有事情都是別人的事，只是開心地替人加油和觀看的人們。正覺得有點羨慕隸屬於最後一個類別的帥氣時，貌似工作人員的人在我手臂上悽慘的數字旁邊寫上另外一個數字。十一。

我將成為今天第十一個從這個位置上跳下去的人。我說這個說那個，什麼話都說，稍微緩解了一點點的緊張，不知不覺十號選手已經消失在我的眼前。往那下方，一瞬間，咻。

怎麼會這樣？我的身體馬上就要像那樣掉下去了嗎？往那下方，一瞬間，咻？

終於，第十一個，輪到我了。穿戴好安全裝備，拿著相機的工作人員試圖進行採訪。好像是我選擇的行程中包含錄影選項的樣子，因為這是要珍藏一輩子的影像，必須要用心才行！

「What's your name? Where are you from? Anything to say?」

要我隨便說點什麼？嗯？是這麼自由的採訪嗎？

「雖然有點緊張，但是我能做到！」

結果我說出來的話，竟然是這麼老套的話。我不是這樣的人啊……我很緊張嗎？為了得到安慰，我環顧四周尋找帥氣。幸好她就在附近，正在用相機拍攝我的樣子。但是，從鐵欄杆另一端伸過來的帥氣的手卻在瑟瑟發抖。仔細看她的臉，發現她一臉比我還需要安慰的表情。不對啊，又不是她要跳，為什麼她會那樣呢？真是的。

「沒關係，別擔心。不會死的。我會好好跳完再回來的。」

兩名安全人員確認掛在繩索上的安全扣環。他們搭配口令檢查裝備，嗓音中帶著興奮的音調。當我還在思考「這是他們為了減緩緊張所做的努力嗎？」的時候，兩隻腳已經被徹底地綁起來了。一步一步地走，每挪動一步，一百一十一公尺的高空威嚴就逐漸往瞳孔湧上來。在電視上看到的深邃峽谷、彷彿被切斷的峭壁、底下蜿蜒流淌的尚比西河。我現在是要往那裡跳下去嗎？

終於站到定點。把腳放在狹窄的鐵製踏板上。只要再往前一小步就會直接掉下去。聽到雙腳併攏，於是把腳緊貼在一起；聽到雙手展開，於是把手臂打開。我眼前滿是莊嚴的峽谷，征服視覺的大自然。突然有種飄浮在空中的感覺。

在大自然中，人們就好像什麼也不是的一個小點，以及那個小點之一的我，藉由皮膚感受到了我所認知的這個世界的重量感。我存在於世界之中，因為這個令人頭暈目眩的真實感，使腳趾和大腿內側發癢。

右手抓著以護腕固定的相機握把，左手則拿著一張薄薄的紙，上面寫著「夜半脫逃」。試圖一邊拍攝降落的場面，一邊拍下紙張上的句子，是我充滿野心的抱負。我能在兼顧兩者的情況下好好跳嗎？因為想要嘗試拍攝而租來的相機是貴重物品，如果掉下去的話，那該怎麼辦？需要賠償多少金額呢？如果在這個國家購買，說不定會比較貴。現實的擔憂鑽進了腦海間的縫隙。存在於大自然之中的真實感才過沒幾秒，竟然就有這種想法？我因為自己的樣子忍不住笑出聲來。

「Are you ready?」

我全身上下都察覺到這句「準備好了沒」，將是他們對我說的最後一句話。我對著仍然哭喪著臉的帥氣悲壯地吟詠了一句話。

「我走囉！」

那天第十一個填進維多利亞瀑布的口令。

五、四、三、二、一。Bungee！

我做到了。一次跳完。

毫不猶豫，一氣呵成。

在荒涼裡自我安慰

波札那，馬翁

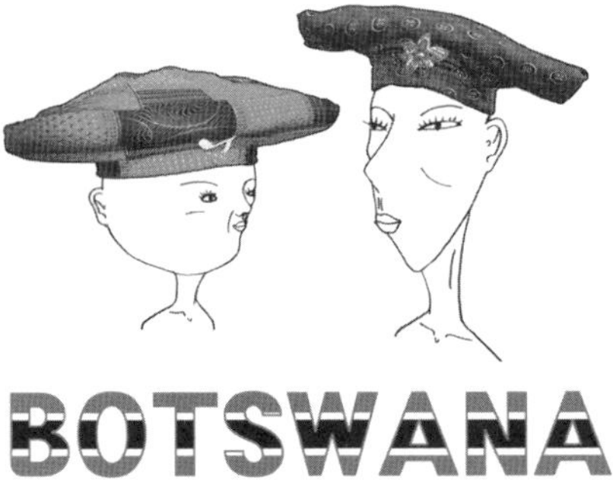

停在半路，硬是決定要掉頭回去。

前往波札那的「歐卡萬哥三角洲」。

帥氣愛上了那裡，突然說了必須要去的理由。那裡並不是當初決定要去的地方，我無法理解為什麼要那樣做。我們的所在地是尚比亞的維多利亞瀑布。車子一路從非洲大陸南端的南非共和國往上逆行。為了去波札那，必須往下折返回去。雖然是簡單地用從「上」往「下」來描述，但是，「This is Africa.」。就一般常識而言，不去才是正確的。然而，帥氣卻以「你這傢伙懂什麼」的表情，拉著興趣缺缺的我展示Google上的照片。我調整姿勢坐好，虔誠恭敬地重新鑑賞一番。

「哈……這是什麼？」

我的動力火箭有反應了。那一張照片，作為點燃火箭引信的縱火犯，實在是當之無愧。

一個在荒涼的喀拉哈里沙漠中，孤傲地綿延了一萬五千平方公里的三角洲。很久以前由於椰棗的種子被大象大便給掩埋，因此長出一片椰棗樹樹林。好像輕而易舉就能超過帥氣對外宣稱的身高一百五十五公分似的，無聲無息地輕輕搖曳的紙莎草與蘆葦叢，以及覆蓋在水面上的睡蓮。安靜地在密密麻麻的植物中穿梭，一艘又細又長的獨木舟，名字叫做「Mokoro」。什麼啊，連名字都這麼可愛！聽說還有「Mokoro之旅」，可以搭著那種挖空樹木製作而成的船，悠閒地進行參觀。於是我下定決心了，如果是這種等級的話，當然得去了。

無論什麼事都不會煩惱太久（其實是沒想法）的帥氣，以及雖然會想很多，但只要迷上了就會不顧一切地去嘗試（其實是沒對策）的我，這又是一個展現我們優缺點完美互補的瞬間。

是啊，仔細想想，這趟旅行不也是這樣才啟程的嗎？哪有什麼做不到的事？去就行了。反正來到非洲大陸這件事，本身就已經非同尋常了。

因此我們決定要去，前往波札那的「歐卡萬哥三角洲」。

網路上查到的旅遊行程比想像中貴很多。原本興致勃勃且意氣相投的我和帥氣，瞬間沉默了，各種無聲的思緒在寧靜的空氣中飛來飛去。

雖然很苦惱，但我知道，這種時候必須做出怎樣的選擇。雖然是讓雙手發抖的金額，但是不去的後悔會令人抖得更加厲害。幸好帥氣和我在這決定性的一刻是心靈相通的。

首先確定「要去」，接著再提出「可去」的前提。

無論如何，一定會有辦法的。這時候，帥氣突然咧嘴一笑。似乎是找到什麼了。她說她打探到便宜的移動路線了。然而，世界上所有的選擇都會伴隨著機會成本，不是有「便宜沒好貨」這句話嗎？透過這段期間的生活和旅行，我學到了「便宜的東西意味著，一定會有一個令人感到不便或厭煩的關鍵點」。

不用說我也知道，帥氣找到的路線肯定會辛苦得很有感。幸虧我們兩個都具有享受吃苦的變態傾向，所以沒關係。在艱難的路上，不耐煩到極點之後，終於抵達喀拉哈里沙漠的寶石——歐卡萬哥三角洲。內心相當充實。以後也要這樣，不向現實屈服，一邊追逐夢想一邊盡情地虛張聲勢。彷彿要被自己的選擇、決斷力、動力給迷住了。

可惜這份喜悅並沒有維持太久。關於那個沒有對策的決定，我們忽略了最重要的一項因素，就是「季節」。我們非常認真地搜尋路線，卻完全沒有想到這個地方也有季節的問題。

在什麼都不知道的情況下，碰咚，從吉普車上下來。然後，展現在眼前的景象讓我不由自主地說出這樣的話：「喂，不覺得這很像古代官吏的鬍子嗎？」

這是什麼啊？為……為什麼會這麼短啊？蘆葦的長度彷彿被剃到只剩三公厘，這是怎麼回事？雪上加霜的是，毛量還如此稀疏？怎麼會這樣？怎麼會這麼普通啊？就算跟照片不同，這也太不同了吧？不，我是怎麼來到這裡的，竟然就這樣被捅了一刀！

後來才知道，我們去的時候是歐卡萬哥三角洲的「換毛」季節，所以看到的風景才會和 Google 圖片搜尋所展示的照片相差這麼多。

超級空虛。為了來這裡，花了多少時間和金錢。震驚到說不出話來，呼出的一聲嘆息消失在炎熱的空氣裡，真想讓時光倒流。對於查也沒查這時候的狀況就盲目跑來的自己，不僅感到怨恨，也覺得很丟臉。出來旅行這麼久了，竟然還是跟以前一樣，時時刻刻都如此無能。這一瞬間，我和果然也是看傻眼的帥氣四目相接。怎麼辦？還能怎麼辦？事情都已經發生了。啊哈哈哈哈。

大笑一陣子之後，再次展現我們「先毫無對策地大聲喊叫，再來積極地收拾殘局」的性格。是啊，肯定會有它自己的魅力。試著找找看吧，沒關係的。

努力地收拾失望的心情，笑容滿面地坐上Mokoro。大概是正向積極的力量吧？一坐上前往淺灘溼地的船，心情就輕鬆了起來。不錯嘛！哎呀！挺好的啊？

就這樣過了三十分鐘吧？炙熱的太陽，永無止境的相同風景。不管怎麼看都只有讓人產生憐憫之心、種植得零零星星的蘆葦，以及連個影子都沒看到的睡蓮。

咦？等等。對啊，睡蓮，睡蓮在哪裡？

帥氣翹首盼望的、鋪滿水面的睡蓮。儘管很微弱，蘆葦也是稀稀疏疏地刷著它的存在感，但是把眼睛瞪得再大也找不到睡蓮。Mokoro的撐船青年突然轉換方向，似乎是看穿了內心有所留戀，不斷地吟詠著「睡蓮」的帥氣的淒涼聲調。

終於發現一株睡蓮了。帥氣啊！找到寶了！帥氣一臉無奈地從Mokoro上面下來，環顧四周，開始隨便亂走。在這個一萬五千平方公里的遼闊地區，竟然只有這麼一株睡蓮！

今天真是有趣！

在夢寐以求的非洲大陸、這輩子從沒想過會來的國家波札那、帶著激動的心情抵達的歐卡萬哥三角洲，突然覺得胃很痛。因為想到這段期間受的苦和昂貴到讓人流眼淚的旅程費用。管他什麼正向積極不積極的，胃好痛。

老實說，我認為護照照片、相親照、歐卡萬哥三角洲的照片，有效期限都應該要嚴格地限制在近六個月內。站在國家的立場來看。

記憶中的綠色溼紙巾

印度，土塔克

呼吸的每一口氣都是甜的，目光所及之處都是朱紅色的，一個令人垂涎欲滴的地方。聽說北印度有一個漫山遍野都是杏桃樹的小村莊。對貧窮旅人來說，不算正餐的水果是種奢侈。看著曾去那裡旅遊的旅人眼睛閃閃發亮地回憶著當時的經歷，我下定了決心，決定去那個可以杏桃吃到飽的慈悲村莊，連舌頭都可以藉由杏桃獲得滿足的那個奶與蜜的村莊。

一路上都在想著滋潤喉嚨的杏桃汁，終於到達土塔克了，難道是因為順道去了其他城市而來晚了嗎？非常仔細地搜尋，好不容易才看到幾顆杏桃，可憐兮兮地懸掛在樹枝上，連用「稀稀疏疏」來形容都嫌太多。我就帶著那一點信念，在吉普車後座擠成一團，繞行在彎彎曲曲的山路，差點就要吐出來了說。也是啦，畢竟從有人推薦我們來土塔克之後，已經過了三個星期，如果杏桃還是一樣結實纍纍、碩大飽滿地懸掛在樹上，那才奇怪吧。

或許是為了撫慰我遺憾的心情，天空淅瀝嘩啦地下起雨來，因此，別說是參觀村莊了，根本只能在旅館的頂樓平臺來回走動。再見，杏桃。再見，浪漫。

第二天，雨停了，趁太陽出來的時候，爬上了後山。到了這個時期，雖然杏桃都掉光了，但是蕎麥花會開始遍布滿山滿谷。跨越淺淺溪流，踏上粗糙的碎石路。雖然想到沒說一聲就離開的杏桃，嘴裡就流著口水，肚子有點發麻，但也只能告訴自己，這沒什麼大不了的，然後將精神集中在步行的路上。接著穿過一個狹窄的樹林隧道，眼前突然出現一片雪花田，不對，是蕎麥花田。

與其說是「開在地上」，不如說是「從天而降」。由於景象壯觀到令人目瞪口呆，我一邊發出驚呼聲，一邊按下相機快門。儘管攝影功力不強，還是拍下許多自認為拍得很美的風景照。突然覺得下腹部很痛。

這個感覺是什麼？一點也不陌生。

這是……這是緊急傳送過來的括約肌的訊號。

糟糕。難道剛才微弱的胎動是「拉屎動作武打片」正式開演前的序幕嗎？該不會是渴望杏桃的器官們的小小反抗吧？身處在腹瀉的國家印度，沒能敏銳地觀察到大腸的行動的我，真是個傻瓜。

「從旅館走了好久的路才來到這裡，假如要走回去的話，需要花多久時間？路上會有可以使用的廁所嗎？如果我在回去的路上大便了，該怎麼辦呢？是在偽善面前大比較羞愧？還是在素不相識的印度人面前大比較丟臉呢？」

想都還沒想完，身體就先動了。

我慌慌張張地快速走過被蕎麥花撒滿浪漫的田間小路。儘管我為了阻止只要有一點縫隙就能見到世界光明的它們，而將所有力量集中在括約肌上，卻又好像什麼事都沒發生一樣，以優美的姿態走過去。行走速度必須比可能因激烈移動而加重刺激的速度還慢，又要快到可以大幅提前抵達旅館廁所的時間，就這樣走了好幾分鐘。一片斜切的青椒彷彿在大腸裡面舉行慶典，所有毛孔都散發著寒冷的空氣，血液開始沉重地流動。陣痛的強度不斷地飆升，週期也變得越來越快。

為什麼會在我身上發生這種事情呢？沒有時間埋怨他人，也沒有時間回想昨天吃了什麼。我向印度超過三億三千萬的眾神祈禱，希望各位能給予我那微不足道的括約肌無限的耐力。同時也立下承諾，如果能平安無事地度過這次難關，我以後一定會活得無比善良。為什麼今天大腸特別活躍呢？宣告即將出發的汽笛聲彷彿要衝破那個地方冒出來了，空氣中瀰漫著緊張的氣息。這一瞬間，我突然有種感覺，如果現在不解決的話，之後將會釀成大禍。

經歷漫長的旅行之後，我最後在印度變成了屎王嗎？

偽善啊，抱歉。你的朋友是拉屎在褲子上的人。

偽善似乎已經察覺了一切，面帶著微笑，我對她留下一句話：「不行了，你在這裡等我。」一然後急忙向右轉，迅速地找了一個偏僻的地方。緊接著，排出我體內所有東西的時間來臨了。

後面是憨厚的石牆，前面是因風輕輕搖動的賞心悅目的蕎麥花，由它們來守護我。竟然是這麼浪漫的廁所，在千鈞一髮之際還能選到如此風水寶地，正當我大力稱讚自己的時候，突然清醒了過來。現在可不是這樣的時候啊，我一下子回過神來，開始煩惱善後問題。在這個即將犧牲一雙襪子的情況下，我卻沒穿襪子。

拋棄什麼衣物才能以正常人的樣貌回去呢？就在我認真挑選的時候，跟紫蘇葉差不多大小的不知名葉子進入了視野中。上面立著毛茸茸的細毛，如果力道用得夠猛，正好可以變成猴子屁股，不過好像滿值得一試的。將凝結在細毛之間的水珠當作盾牌，小心翼翼地貼近肌膚……哎呀，我的天啊！這個觸感是？純棉溼紙巾？因為這出乎意料的優秀性能和觸感，我又多摘了幾片來用，完成收尾的工作之後，精神恍惚地穿起褲子。還不忘用泥土稍作整理，以免日後農田主人被嚇到。I am from 東方禮儀之國。

我莞爾一笑，沿著石牆走出來。可能是因為血液又再次旺盛地流動起來了，眼睛變得明亮，感覺整個人神清氣爽。這就是暢便的力量嗎？受到光照的蕎麥花田，比剛才更閃亮了，我竟然在這麼美麗的地方，做了一件大事。變得更加輕盈的身體穿梭在花叢間，並且跳起舞來。然後，充滿芬芳的朱紅色杏桃與賞心悅目的白色蕎麥花的土塔克，將被我記為溼潤柔軟的「綠色溼紙巾」村莊。

重回漫漫長夜

印度，土塔克

由於土塔克是個小村莊，我們以為房間會很樸素，然而這是怎麼回事？這是我們旅行以來，住過最大的房間。而且，在只有兩個人住的房間裡，竟有兩張巨大的雙人床。住在這裡的兩天期間，居然可以一人使用一張大床。將整個身體撲倒在鋪著厚厚棉被的床墊上標示領地，表示我們來到了套房。但是這個套房有一個關鍵性的規定。就是一天之中，只有晚上七點到十一點會供電，而且還沒有網路。

啊……仔細想想，會這樣也是情有可原。網路線不可能鋪設到這種地方來吧，光是有電就該感恩了。剛才聽旅館老闆介紹的時候，已經覺得烏雲罩頂了。

叩叩，聽到敲門聲並把門打開，原來是老闆大叔，他問我們要不要洗澡。為什麼要問這麼私人的問題呢？雖然心存質疑，還是本能地回答說要，他留下一句「一人二十盧比」之後，便移動到隔壁房間，詢問隔壁房客同樣的問題。明明已經是住在旅館裡了，竟然還要加收洗澡費用，這真是聞所未聞、見所未見的事情。打聽後才知道，這是替要洗澡的人煮熱水的費用，也就是收取所謂的「Hot Water」費用。將水龍頭向左打開就會有冒著蒸氣的溫水的生活，並不是理所當然的事情，意識到這一點的那個瞬間，至今仍然記憶猶新。

不知道過了多久，我們收到了個人專用的洗澡水，紅色塑膠桶裡裝著滿滿的熱水。深怕分量就這麼多且價值二十盧比的熱水會不小心滴出來，我小心翼翼地將它放在浴室地板上。從洗頭、刷牙、洗臉，甚至到洗澡，都必須用這一桶水來解決。分量看起來嚴重不足。難道所謂的人就是一種總要在失去後才懂得珍惜的組織結構嗎？安靜地反省過去那些日子用掉了多少水。但是不管怎麼看，要用這一桶水洗完整個身體，似乎都是不可能的事。既然如此，那要放棄什麼好呢？經過一陣激烈的苦思，我決定放棄洗頭，然後戰戰兢兢地拿起地板上的水瓢，將一個紙杯分量的水潑到身上。這是不允許浪費任何一滴水的懂得節制的姿態。

哇啊！好燙！這個……根本就是煮沸的滾燙熱水嘛！這時候我才理解整個情況，如果和冷水混著用，就會變成連頭髮都可以洗的分量了啊！

結束奇蹟般的沐浴之後，享用了旅館老闆為我們準備的精簡晚餐，吃完回到房間，啪地一聲，四周瞬間變黑。

啊，看來已經十一點了。完全不需要鬧鈴或時鐘。黑暗彷彿吞噬了所有的聲音，暫時流淌著奇妙的寧靜。不知道是不是因為窗簾很厚的關係，一點光都透不進來，待在黑暗的房間裡讓人感覺悶悶的，我無法忍受這種煩悶感，於是在棉被附近摸索了一下，然後打開手機的手電筒。好不容易才找到安身之處，一躺到床上，空洞的時間就洶湧而至。無事可做。

叩叩，咦？澡也洗了，飯也吃了，老闆怎麼又跑來了？我抬起身體，拿著發射出亮光的手機，打開房門一看，原來是住隔壁房的同行團員。是啊，大家都一樣無聊。我欣然地邀請他們進來，大家坐在床上，嘰嘰喳喳地聊著今天發生的事情。還有一些在旅遊景點、在路上遇到有緣人時，一定會互相詢問的問題和回答等等。

將原本關著的厚重窗簾拉開，微弱的月光照進房間，沉醉在從窗簾縫隙間穿透進來的寒風、漆黑的黑暗，以及沒有電的陌生帶來的神祕感之中，交換彼此的瑣碎故事。在巷弄間，村莊大嬸給的炒大麥的香氣；來到沒有 Wi-Fi 的村莊，卻沒有事先和女朋友報備而出大事的悔恨；房子後面的花田，整片蕎麥花的朦朧感；人生中經歷過最瞎的分手理由和至今仍無法忘懷該次分手的荒唐；還有對於土塔克的杏桃都已經凋落所產生的遺憾。沒有脈絡但是有感覺的對話，滲進了黑暗之中。

夜深了，黑暗變得更加濃厚。同行團員全都回房之後，仰天躺在床上，突然想起二十幾歲初期的印度之旅。二〇〇五年左右，正是智慧型手機改變世界的生活型態之前。一天的行程結束之後，回到旅館總是無所事事。回顧今天拍攝的照片，或是打開容量為256MB的最新款MP3，將存放在裡面且聽到快爛掉的歌曲，聽過一遍又一遍，或是寫寫日記、光明正大地偷看彼此寫的日記、把日記本最後一頁撕下來，畫上格子玩五子棋。或者一個人沉浸在各種思緒中，想著想著就睡著了。

隨著智慧型手機的出現，旅行變得跟當時不一樣了。雖然一樣是天黑了就回到旅館，但現在是啪嗒一聲撲倒在床上，很自然地將視線固定在手機上。確認及回覆在外面那段期間無法接收的訊息，接著進入社群網站察看世界運轉得怎麼樣了，然後有種這裡是印度還是一直以來都在那裡生活的首爾的曖昧心情。

在這種情況下，收到了意想不到的禮物，即一盞燈都打不開的夜晚，也只能感到不知所措了。這段期間我究竟將消磨時間的方法遺忘得有多徹底？在讓人快要窒息的黑暗中，布滿濃厚的靜謐，為了接受單方面的訊息而被收拾在角落的完整的「我的想法」，現在才爆發出來。真的是睽違已久。當心裡有什麼想法的時候，我是從自己的內心尋找答案，而不是轉頭拿起放在枕邊的手機。

但是，這並沒有持續太久。如果能在這漫漫長夜中獲得追尋自我的思想成果，那該有多好啊。然而，大部分想的內容都是：在這段漫長的時間裡，當地的人們究竟都是做什麼事情來打發時間呢？他們難道不懂什麼叫無聊嗎？每天都有這種思考時間的人們，他們的內心、想法和深度，會到達怎樣的程度呢？他們就住在佛陀的涅槃與超脫附近，不是嗎？

隔天我們詢問老闆大叔。整個冬天都熄燈的漫漫長夜，你們到底都在做什麼？好像暫時陷入沉思的他，突然把頭轉向廚房，然後呼喊某個人。過了一會兒，一個眼珠和頭髮的色澤都黝黑的小男孩，害羞地走了出來。他看著小男孩，兩頰悄悄地變紅，然後淡淡回答。

那段時間，我們創造了這個傢伙……

所以，這個村莊才會有這麼多小孩……

彷彿永劫的一陣沉默之後，一位最先聽懂其中深意的同行團員突然哈哈大笑，笑得屋頂都快掀了。然後依序理解其意的人們，臉逐漸變成杏桃色。每個人的臉頰上都掛著自己的一對杏桃，那天的漫漫長夜，我們笑了好一陣子。

Begin again

印度，列城

「Are you a musician?」

每一個見到我的人都會問這個問題，而問題根源就是搖搖晃晃地掛在背包一角的烏克麗麗。居然說我是音樂家，我的天呀。要是他們聽到我的演奏，不知道會笑得有多麼尷尬，因此每次聽到提問的時候我都覺得很難為情。難道當初應該要選擇可以放在口袋裡的口琴嗎？

烏克麗麗是出發來環遊世界之前才買的。有人建議說，如果在長期旅行中學會一項樂器，旅程將會變得豐富多姿。雖然我是個對弦樂器一竅不通的超級門外漢，但是這完全不成問題。散布在未來的東西不就是「時間」嗎？去了再學就好啦。因為網路上有很多親切的教學影片呀！將眾人的擔憂拋諸腦後，拿著豪邁買下的烏克麗麗出發了。

正如建議的那樣，這傢伙在很多時候都成了巨大的樂趣。當手邊沒有電視、沒有網路、沒有書，只有難以消磨的時間時，在這種極其無聊的情況下，這一個長得像葫蘆瓶的小小樂器，就是很好的玩具。慶祝生日或節日的時候，化身為背景音樂，不用說話也能和語言不通的各國朋友一同享樂。雖然學越多首曲子，我就越覺得自己沒有才華，但我並不感到惋惜。反正又不是要在大家面前表演。

雖然總是宅在旅館像個無業遊民大叔彈奏著烏克麗麗，這兩年期間，背著它到處走，也漸漸產生了欲望。我想在回國之前，留下一個演奏烏克麗麗的紀念影片。剛好我覺得正在旅行中的北印度風光非常美麗，只留在眼裡和心裡實在太可惜了。如果在絕美的風景中拍下演奏烏克麗麗的模樣，就能開心地記錄旅行的瞬間。

要演奏怎樣的曲子好呢？苦思到一半，腦中突然浮現一聽就立刻愛上而且練習過的阿里郎二重奏。我對自己的想法和企劃能力感到興致勃勃，然後和帥氣各選了一套傳統服飾 Kurti 來穿，這是我們的演奏服裝。我計畫穿著同樣的衣服，在北印度各個地區拍攝演奏相同曲子的影片。竟然在印度彈奏阿里郎，越想越覺得離譜，但是那又怎樣，就只是想做個紀念而已。又不是要在誰的面前表演。

不過，我們現在所處的情況，正好推翻「又不是要在誰的面前表演」的想法。我們拿著烏克麗麗站立的地方是一個廣場，而且還是人非常多的「廣場」。之前拍攝影片的地點全都是人煙稀少的地方，因為害羞，所以幾乎等同於躲起來拍。但是今天特別決定要在人多的廣場上拍攝。到了明天，就必須搭乘前往德里的飛機，我們預計在德里結束兩年的旅行，然後搭上返回韓國的飛機。因此今天算是能夠拍攝北印度風光的演奏影片的最後一天。再加上，我在不知不覺中也產生了想要在穿著鮮豔服飾的當地人之間拍攝看看的欲望。

然而，在這個印度人及旅人不斷經過的廣場上，一旦開始演奏，似乎就會變成不折不扣的街頭表演。實力只是在KTV搖鈴鼓的水準，不知道我們的阿里郎是否能獲得當地人的響應。如果沒人要聽，那該怎麼辦？要如何清掃那一顆顆散落在地上的羞恥心呢？不過這樣也好，說不定沒有得到任何關注反而還比較好。

即使被各種紛亂的思緒給纏住，仍然悄悄地在廣場打轉，假裝在觀賞喀什米爾頭巾，然後轉動眼珠尋找不錯的地方。

「最優良的品質、最優惠的價錢。」

老闆大叔，很抱歉，我現在對頭巾的關心連一公克都沒有。我聽而不聞，然後選定了一個地方。如萬國旗般飄揚的五彩風馬旗往兩旁延伸，人來人往的中間區段，有一個杳無人跡的空地。北印度的蔚藍天空和雪白雲朵，排列於兩旁的灰色建築，有幾個穿著胡蘿蔔及青花菜顏色的印度青年坐在那裡。如果我們在這個時候進去，構圖應該恰到好處。帥氣點了點頭，她可能也有相同的想法。

地點已經決定了，但是卻提不出勇氣。真的要在那裡演奏烏克麗麗嗎？我們嗎？光是穿著花花綠綠的傳統服飾就已經夠引人注目了吧？我現在身上穿的服裝是藍色 Kurti，講得好聽點是配上橘紅色的緊身褲，但確切來說，是配上老奶奶衛生衣顏色的緊身褲。除此之外，頭上還圍著同種顏色的頭巾。這是閉上眼睛都能留下殘影的炫麗打扮。這樣還不夠，我旁邊的帥氣，她穿著小雞般的亮黃色 Kurti，搭配桃紅色緊身褲，並且圍著跟褲子顏色一樣粉紅的頭巾。

以這種顯眼的裝扮，進行顯眼的演奏，同時還要唱歌。肯定會出錯好幾次，而且每次中斷都必須重新錄製。還有，相機該怎麼辦？如果要把廣場和我們都裝進畫面裡，相機就必須設置在遠一點的地方，萬一相機被人拿走了，那該怎麼辦？

由於不斷地苦思再苦思，探查的時間已經過了四十幾分鐘。似乎已經在廣場足足繞了二十三圈。因為是空氣稀薄的高山地帶，我開始喘不過氣了，街上櫛比鱗次的喀什米爾店家的老闆們，漸漸用懷疑的眼神注視著我們。穿著過度顯眼的服裝，像倉鼠踩著滾輪那樣，不斷地繞著圈子，被懷疑也是理所當然的。一定要做這件事嗎？既不是被人強迫，也不是有誰叫我們做呀？漸漸覺得有點麻煩。管它是影片還是什麼，去買一瓶威士忌，回旅館度過最後一夜，不是也很不錯嗎？幹麼要這麼煩惱？影片那種東西，不要製作不就行了？反正也不是要在哪裡公開發表。

哎呀，不管了。我轉身想走，奇怪了。真的要轉動腳步時，突然有種上完大號沒擦屁股就穿上褲子的感覺。當然，如果把衣服整理好、鈕扣扣好再走出門外，誰也不會知道，但是，就是那種自己絕對不可能不知道的感覺。

野心勃勃地策畫這個專案時，充實滿足的感覺；決定曲子及練習時，心潮澎湃的感覺；購買衣服時，滿心期待的感覺；第一次拍攝影片時，興奮激動的感覺，這些感覺一一浮現出來。就此停下，誰也不會知道，但問題不在於「誰」知道，而在於「我」知道。因為覺得站在初次見到的人面前表演很丟臉，所以想要放棄的我，對此感到丟臉的人，不是別人，正是我自己。

太陽已經西斜了。剩沒多少時間了。再考慮一下吧，再多繞一圈吧。重新轉動剛才想要轉身的腳步……但就在這最後一圈，神抓住了我的手。路過的行人中，有一個人凝結在我的視網膜上，是認識的人。前幾天如蜻蜓點水般一掠而過，互相打過招呼的韓國旅人，他正要走過廣場。喔喔喔喔喔！我一邊大叫一邊朝他跑過去。然後說明事情的來龍去脈。

「因為如此如此，所以這般這般，我擔心相機被偷走。你能暫時幫忙顧嗎？」

雖然內心還處於做還是不做的猶豫不決的狀態，但是在對他說明的過程中，已經轉變成請託了。

有時候，內心已經出發了，但是想很多的大腦還沒跟上時，把身體傳送到情況之中，也算是我自己的一種方法。一種把自己丟到無可奈何的環境裡的方式。骰子已經擲出去了，事情已成定局。

現在只能做了。胸口彷彿已經開始演奏似地，撲通撲通亂跳，隨心所欲打著奇怪的節拍。為什麼不是音樂家的我，正在街頭表演呢？甚至還不是在首爾的弘大，而是在北印度的列城。突然覺得腳踩著地的現實令人難以置信，感覺很不真實。

拿著烏克麗麗，找了位子坐下，行人的目光都聚集在我們身上。帥氣啊，怎麼辦？這一瞬間，我看著全世界唯一可以依靠的存在。帶著悲壯表情，一臉「還能怎麼辦？」的帥氣，點了點頭。她似乎也不是普通的緊張。終於，帥氣拿出手機，打開節拍器APP，播放3/4拍的節拍。

答、答、答。

開始了。前幾天曾短暫相遇，並在此時護衛著我們相機的韓國旅人，以及無數個在漠不關心的眼神中混著少許好奇心的印度人。做得到嗎？

叮，叮叮叮叮。

來回撥動琴弦，每一個音都必須彈得很清楚的前奏，這個部分是最常出錯的地方。果然彈錯了好幾次，不過並沒有出現什麼大失誤，順利地彈奏完成。現在該唱歌了，唱歌完全是我的責任。獲得神賜的才能，將所有歌曲都解讀成同一個音的帥氣不需要唱歌，但是要擔任確認節拍及伴奏的工作。明明是一直在進行的演奏、經常在唱的歌曲，心臟卻宛如狂奔的火車頭般不停地跳動，怦怦的心跳聲似乎已經傳到了嘴邊。

「阿～里郎，阿～里郎，阿啦里喲～」

吵雜喧鬧的人聲在不知不覺中安靜了下來，在廣場之間吹拂的風也停了下來，響徹整個廣場的聲音，就只有烏克麗麗清脆的音色和我的嗓音而已。

「阿～里郎，爬～上山，翻～山越嶺～」

「這裡是北印度高山城市列城的廣場」的空間感消失了。除了撥動著琴弦的我的手、唱出阿里郎的我的嗓音，以及在旁邊加入二重奏和音的帥氣，其右手劃過琴弦的動作之外，所有東西都消失了。原來音樂家在表演的時候就是這種感覺啊。原來過去所有創作的痛苦和困難都會在這一剎那一筆勾銷啊。原來就是在這一瞬間，會令人陶醉且上癮到不可自拔啊。我唱著阿里郎並撥動著琴弦的瞬間，腦海中充滿了這些想法。如果我不曾嘗試，這一輩子都不會有這些感覺和想法。

「走不到～十～里路，腳～就痛了～」

唱完最後一句了。接著沉默了一會兒，我一抬起頭，就看到許多人。各種人種，更多樣的長相。背部彎曲如弓的老爺爺、眼睛像牛眼一樣大的小孩、留著油膩捲髮的青年，還有全身上下都遮蓋住、只露出臉龐的淑女。他們全部都在笑。長相完全不同的他們，聽了我們的歌曲、我們的演奏之後，全都笑了。彷彿快要跟彎曲的眼尾連在一起的上揚嘴角，以及拼命往上抬升、簡直快跟自己的身高一樣高的顴骨，笑容讓各種不同的長相看起來都很像。

熱烈的掌聲和巨大的歡呼聲，還有劃破這些聲響的口哨聲，電流貫穿全身。做得很好，真的很棒。雖然我們對傳來的安可聲，沒有可以回應的曲子，但那又怎麼樣呢？

在列城的最後一天。即將結束的旅行。似乎所有的「最後」都穿上了由掌聲及歡呼聲製作而成的美麗衣裳。今天，好像可以在這個廣場上，呼吸著稀薄的空氣，唱歌跳舞一整天。或許是滿足感代替氧氣湧了上來，急促的呼吸逐漸變得平穩了。

回國前三天1

印度，新德里

8:00 AM，位於巴哈甘吉區的民宿

偽善躺在床上。她說她吐了一整晚，除了把吃下的東西都吐出來之外，連胃酸都吐光了。據說她整個晚上進進出出廁所七次，吐了這麼多次，我竟然一次都沒有醒來，她用含著怨恨的眼睛瞪我。哎呀，昨天晚上她自己一個人待在旅館角落，開開心心地吃了三個芒果，結果消化不良了啊。

在這兩年的旅行中，很常經歷到這種事情。我從隨身攜帶的常備藥袋中拿出止瀉藥和腸胃藥，連同礦泉水一起遞給偽善。如果是在韓國，只要到附近的內科打一針，吃藥吃個幾天，好好休息就沒事了，但是出國之後，基本上不會去到醫院。因為雖然有旅遊保險，但是辦理那些手續很麻煩。可是不申請保險理賠，去任何醫院都要花很多錢，所以我們都是去藥局買藥來吃，也曾經試過各式各樣聽來的民俗療法。很幸運地，最後總是會好起來。這次應該也不會有什麼事吧。

我從旅行用針線盒裡拿出針來。將兩天沒洗頭所累積的豐富油脂塗到針上，深呼吸兩三次之後，把針往她兩隻手的手指扎下去。用搓得很熱的手拍拍她的背，讓

她喘口氣之後再躺下，應該到晚上就會好起來了。

11:00 AM

看起來已經好多了。她說她肚子餓，連胃酸都吐光了，也該餓了。但還是不能掉以輕心。我命令她不要亂動，好好躺著休息，然後走出旅館。我買了偽善喜歡的三明治，雖然比市面上許多食物還要貴，但今天她生病了，所以我決定多花點錢。果然命中了她的喜好。單純的她笑容滿面地拆開包裝。可是，雖然她好像吃得很香，卻吃不到一半就放下了。可能肚子還不是很舒服，是不是太早進食了？又餵她吃了一顆腸胃藥，並讓她躺下。看她那副好像不知道身體要怎麼擺才舒服，不斷反覆著躺了又坐、坐了又躺的模樣，即使是消化不良，可能也是很嚴重的消化不良。

1:30 PM

情況比想像中嚴重。可能是吃下的三明治帶來無法忍受的堵塞感，她硬是把東西吐了出來，而且還開始拉肚子了。已經吐了一整晚，現在竟然還腹瀉。必須取得糖和鹽，製作口服電解質補充液才行。這是偽善為了經常罹患腸胃炎的我，上網搜索後找到的應急方法。過去這段期間都是偽善做這個餵我，這次輪到我來了。

正準備出門的時候，偽善說出了奇怪的話。她說肚子右邊有劇烈疼痛。而且症狀跟剛到印度的情況很相似。我想起來了，從現在開始算起的四十天前，也就是剛到印度的時候，偽善無緣無故就嘔吐及腹瀉，不斷地反覆循環。因為印度是以水土不服著稱的國家，所以起初認為應該就是那樣吧。但是當時她說肚子右邊有奇怪的疼痛感和遍布全身的蕁麻疹，這是不曾經歷過的組合。雖然當時有被酷似豹紋的蕁麻疹嚇到而去了醫院，卻找不出原因，就只有吃了醫生開立處方的藥，然後就復原了。

發病順序為消化不良、噁心、嘔吐、腹瀉、右腹部疼痛。她說雖然症狀和那時候一樣，但是疼痛的程度比那個時候嚴重很多，無論如何都要去醫院了。整個旅行期間，無論有什麼症狀都說捨不得醫療費，只靠吃藥苦撐的她，竟然自己說要去醫院，看來事態相當嚴重。

管它是旅遊保險還是什麼，我認為趕緊到附近的醫院是當務之急。旅館員工說最好先去附近的診所，就在他幫我們聯絡印度的人力車那段時間，偽善的腹痛變得更加劇烈了。

2:00 PM，附近診所

人力車司機放我們下車的地方，是距離旅館不到三百公尺的診所。如果只是路過，光憑外觀根本無法想像這裡有在進行醫療行為。沒關係嗎？把偽善交給這種地方？不僅語言不通，連設施都很不完善，不安的感覺湧上心頭。

三個芒果、嘔吐、腹瀉、腹痛……

用破英文逐一羅列出來之後，醫生就叫她躺到一張狹窄的床上（不，那並不是床，應該稱它為很高的置物平臺），然後到處按壓她的肚子。接著問也沒問就拿出針筒，講得誇張一點，是相當於嬰兒前臂大小的針筒，總共三針。針一刺下去，偽善就不斷地呻吟。唉唷，我看不下去了，到底是有多痛才會這樣。

不知道過了幾分鐘，她笑了！還說腹痛像被刀挖掉了一樣，消失了。太好了。但是，笑容滿面地要從床上，不對，是要從平臺上下來的偽善，卻又癱坐在那裡。她說腹痛是消失了，但打針的右骨盆很痛。難道讓其他部位出現問題，進而使人忘記原本患處的痛苦，是這個診所的特殊治療方式嗎？果然是總是令人出乎意料的印度。她說肚子不痛了，但是打針的腳動不了，因此她拖著一邊的腳走路。這什麼情況啊！緊張一解除，我們兩個就爆笑出來。

8:00 PM，回到民宿

那三針非常強大。吃完藥的她，從診所回來之後就一直在睡覺。偶爾她睜開眼睛的時候，我會問她還好嗎，不過偽善留下一些沒人聽得懂的呻吟後，又再次進入睡夢中。沒事就好，希望明天早上她能笑著說一起去吃飯吧，並且拍打我的屁股。

3:00 AM，附近的國立醫院

看來是止痛藥的藥效已經過了。從睡夢中醒來的偽善，說她的右腹部非常痛。趕緊拿了錢包，準備要去醫院，突然覺得有點不對勁。雖然完全搞不清楚到底是消化不良，還是腸胃炎，但是怎麼會痛到這種地步？已經打了三針，而且也吃了藥呀？我急忙拿出手機，在搜尋欄位輸入「右腹部疼痛」。

什麼？不，不會的。一邊努力地將一瞥而過的文字從心裡拂去，一邊將她攙扶到人力車上，這次要前往附近的國立醫院。

雖然這才凌晨而已，但醫院從庭院開始就擠滿了人。不知道是患者還是陪同者的人們，蓋著毯子躺在地上。這個景象根本不像醫院，比較像難民收容所，甚至令人忍不住懷念起白天的診所。幸好親切的人力車司機幫忙推開人群，大聲地用印度語向醫院工作人員說話，順利地將我們送到急診室的床上。

偽善緊抓著床墊大聲叫喊。平常這麼能忍痛的人，到底是有多難受，才會流下眼淚。無法跟著她一起痛，也無法讓她不要痛。由於什麼都做不了，我感到很無力。不過，可能是因為打了針，陣痛有所消退，她的呻吟逐漸平靜下來，然後她被帶到貌似恢復室的地方。即使已經擠滿病患，一張空床也沒有，我們還是被帶去換上黃色紗麗，然後被帶到一個躺在床上的女人旁邊。醫生說了一些話，那個女人便把身體往床邊挪動，騰出一個可以躺下的空間。

嗯？這是幹麼？醫生比手畫腳了好幾次，我才終於理解。原來是叫偽善和這位女人一起躺的意思。我環顧了一下周圍才發現，大部分的病患都是兩個人使用一張床。我的朋友最後還是躺到了阿姨的旁邊。本來就很狹窄的床，幾乎都被身材圓潤的阿姨給占據了，看到偽善好像被掛在欄杆上似地躺在那裡，不由得一陣心酸。

我輕輕地拍了拍偽善的肩膀，喃喃細語地說會好起來的。雖然是為了使她鎮定下來而說的話，也是對我自己說的咒語。太可怕了。希望她沒事。過了一會兒，偽善就被轉移到超音波室。不知道要做什麼、怎麼進行，也不知道是不是有好好地進行檢查。我好想念韓國的醫院，用韓語仔細地說明哪裡不舒服、聽到韓語描述這是何種疾病的詳細解說。我迫切需要這個隨便都能做到的簡單小事。

5:00 AM

醫生又出現了。雖然他用英文講解，但是我完全聽不懂。到底是身體部位，還是疾病名稱，全是一些我不知道的單字。

「巴拉巴拉，巴拉巴拉，operation 巴拉巴拉……as soon as possible……巴拉巴拉。」

我聽到手術這個單字。腦中又再次浮現來醫院之前搜尋到且匆匆瞥過的單字。

「闌尾炎」。用韓文也很難記住的闌尾炎，我更不可能會知道它的英文，不過他們現在好像正在向我說明闌尾炎。從必須盡快進行手術這句話來看，我確定就是闌尾炎沒錯。可能是我很快就聽懂了，醫生也點了點頭。果然沒錯。

我突然覺得很害怕。雙手在顫抖。如今只剩下三天，就能結束漫長的旅行回到韓國，為什麼偏偏是這個時候？我曾經在書上看過，闌尾炎手術是簡單的小手術，只要輕輕劃開肚皮，將腫起來的闌尾切除就可以了。話雖如此，如果只是簡單的傷口治療或內科診治也就算了，但這是必須要剖開肚皮的手術，在這種環境惡劣的地方進行也沒關係嗎？

看到為了診察這麼多病患而一臉倦容的醫生們，我更加不敢確定了。但是又不能將做決定一事往後推延。雖然是簡單的小手術，如果拖延太久，導致闌尾破裂，使發炎症狀擴散到所有器官，就有可能威脅到性命。究竟要在這裡動手術，還是連絡保險公司到好一點的醫院動手術，我還拿不定主意。

偽善吃了止痛藥之後，眼睛呆滯無神。不知不覺中，我成了必須決定她是否要進行手術的監護人。剛才在一旁給予協助的人力車司機，可能是察覺了我還在猶豫不決，所以他插嘴說了幾句話。他說他哥哥曾在這裡清除腎結石，手術非常成功，因為醫生們的實力優良，叫我相信並交給他們。不知道怎麼回事，即使聽了這些話，我還是覺得下不了決定。

10:00 AM，新德里南部女性專門醫院

結果從那間醫院出來了。因為我做了一個恐怖的想像，昏昏欲睡的醫生用刀鋒不銳利的手術刀剖開偽善的肚子。回到旅館後，我聯絡了保險公司。我向在韓國接電話的職員再三強調說必須要是好醫院、一定要是好醫院。希望她的闌尾在轉院期間，可以好好堅持住，不要破裂。希望我的判斷對她來說是最好的選擇。

保險公司指定的醫院，看一眼就覺得很舒適。一打開門進去，涼爽的冷氣風就立刻將被汗水浸透的身體包圍起來，也看到很多穿著高級紗麗和現代服飾的女人。從兩個病患共用一張床的地方，來到和藹的員工帶我們到寬敞診間的地方。現在才覺得放心了。

3:00 PM

不對啊，難道這裡是金玉其外，敗絮其中嗎？這麼大的一間醫院，為什麼會沒有病房？做了各種進一步的檢查之後，病名已經確定，只要動手術就行了，病房確實是需要準備一下，但是怎麼連執刀的醫生是誰都沒有向我們介紹。難道是我判斷錯誤嗎？

時間無情地流逝著，偽善的闌尾脹得鼓鼓的，正在伺機爆裂，令人感到很不安。這時候，忽然一陣睡意襲來。看著吃了藥之後呼呼大睡的偽善，感覺疲勞重重地壓在我身上。從昨天開始，我就因為擔心而睡不好。無法在這個緊要關頭擺脫生理需求的身軀真令人討厭。我坐著把頭靠在床上，暫時把眼睛閉起來，閉了一會兒，我心想我的朋友生病了，如果我就這樣放心地睡著，說不定惡運會偷偷鑽進來，於是我拼命地把不斷跑來的睡意趕走。

9:00 PM

我努力地向突然醒來的偽善開玩笑，同時還反覆跟她說這不是大手術。手術時間一直推延，雖然很不安，但是我不露聲色，因為她有可能會更害怕。在這間病房裡，她能依靠的人就只有我了。

終於，等待已久的醫護人員打開門走進來了。我的天啊，謝謝。我在印度的醫院找到了我不曾信仰的神。醫生笑容可掬地針對手術計畫進行逐項說明。他說現在就要移動到手術室了，叫我不要跟去，在這裡等著。本來想說即使全身要用酒精浸泡過，我也要跟著進到手術室裡，但是醫生竟然說不行……我悄悄地看了偽善一眼，護士正在幫她把隔離帽戴到頭上。

今天，我的朋友在這個語言完全不通的地方進行手術。

我裝作什麼事都沒有，假裝沒有什麼大不了的事，原本一直努力壓抑的情感卻爆發了。眼淚湧了出來。怎麼辦？不能讓她看到我哭的樣子，她現在一定也很害怕。雖然我努力地吞嚥下去，但是恐懼一旦爆發便停不下來了。

一定會成功的，無論如何。我努力平復扭曲的臉龐，並向偽善揮揮手。

回國前三天 2

印度，新德里

成排的日光燈快速地從頭上一掠而過。四個人緊抓著乘載我身軀的附輪鐵床，他們全都穿著一樣的綠色服裝。我聽到開門的聲音。原本兩兩站在兩側的四個人，突然變換位置排成一列，有條不紊地把床推了進去。看到天花板我才知道是電梯。一陣安靜之後，再次運行的床把門推開並通過它。很快地，我被移轉到另一張床上。被安置到新床的瞬間，全身的細胞都萎縮了。非常堅硬，非常冰冷。還來不及使瑟瑟發抖的身體穩定下來，眼前突然亮起強烈的光，視覺彷彿要被蒙蔽了一樣。一切事物都跟電視劇或電影裡看到的場景一樣，快速掠過的天花板、奔跑的人們、用床撞開的門、冰冷的鐵床、明亮的燈光。

我現在，在手術室裡。

按照原本的計畫，三天後，我就要結束過去這兩年的旅行，搭上返回韓國的飛機。雖然人生總是無法盡如人意，但是我做夢也沒有想到我會登上手術臺，而不是登上飛機。

金屬床傳來的寒氣滲入全身。在這個空間裡，唯一不能動的人就只有我，其他人都忙得不可開交。如果他們和我之間的差異只有這樣，我絕不會如此害怕。我們之間的差異比這還多，長相、使用的語言、國籍和成長的環境，幾乎所有的東西都不一樣。這些非自願的差異點使我害怕。只要再晚個幾天發病，我就可以在自己的國家進行手術了。雖然是對一般事物不會感到害怕的強心臟，但這一瞬間，我覺得自己好像成了世界上最膽小的膽小鬼。

不管恢復得再快，都不可能搭上三天後的飛機吧。不，我還能睜開眼睛嗎？

我不由自主地抓住一個人的手。眉間印有紅點（bindi）的醫生，臉上瞬間掠過驚訝的表情，但她立刻緊緊握住我的手。我的嘴巴也不自覺地微微顫動。

「好可怕……」

連這句話都必須用英文講的現實，使我深切地感受到這裡不是我的國家，一種令人起雞皮疙瘩的真實感。她停下腳步並看著我淚眼汪汪的眼睛，隨即用另一隻手覆蓋在我的手背上。

「Don't worry. Everything will be OK. I promise you.」

這一刻，我奇蹟般地平靜下來了。微弱的溫暖滲入了貫穿全身的寒氣之中。啊……難道這就是甘地的國家擁抱世人的方式嗎？或許是感覺到我極度僵硬的肌肉變得放鬆了，原本握著並輕拍我的手的她，微微一笑便離開了我身邊。緊接著，注射針頭刺進了我剛放鬆的手臂，原來是麻醉藥啊。就在藥物緩緩地順著血管流進來的那一瞬間，我不斷地向印度眾神祈禱再祈禱。

「拜託祢，一定要讓我活下來並睜開眼睛。」

嗶，嗶嗶，嗶嗶嗶，嗶嗶。

因為聽到令人不悅的機器噪音，我猛然睜開眼睛。

「這裡是……哪裡呢？」

灰色的天花板，象牙色的窗簾。顯示出高高低低且上下顫動的曲線圖，以及一邊發出嗶嗶聲一邊跳出許多看不懂的數字的機器，果然是在電影或電視劇裡看到的場景。看了掛在病房牆上的時鐘，才知道現在大約十一點四十分。是白天？還是晚上？不管是哪一個，都是比原先告知的手術時間還要晚的時間。是手術時間延長了嗎？仔細想想，現在到底是當天，或是隔天，還是過了好幾天，全都無從得知。也有可能是失去意識，躺了好幾年才醒過來的。怎樣都無所謂。算了，無論如何，神都讓我如願以償了。睜開眼睛。活下來。

我突然嚇了一跳。我全身掛滿機器。想要移動雙腳，動到一半，卻因為從體內感受到的難以表達的感覺，使我打了個寒顫。身上插著導尿管。這樣還不夠，肚子兩側還有巨大的管子。除此之外，四肢還掛著各種機器。所以說，那些鐵方塊一邊嗶嗶響一邊跳出的所有數值，就是與我的狀態息息相關的內容囉？聽說手術結束之後就會移轉到普通病房，這是怎麼回事呢？難道情況很嚴重嗎？不管是誰都好，要是有人可以跟我說明現在的情況就好了。在這個空間裡，除了發出該死的聲音的機器之外，活生生的生命體就只有我而已。就這樣把患者棄之不顧也沒關係嗎？帥氣在哪裡？雖然想要深入思考，但是意識開始變得模糊不清。

不知道過了多久，我再次睜開眼睛。除了稍微變亮一些之外，室內還是相同的景象，仍然沒見到任何人，我依舊無法動彈。過了一會兒，意識又開始模糊了起來。眼睛自動閉上，與我的意志無關。我不知道這已經是第幾次了。睜開眼睛，意識到毫無變化的狀況後，再次昏昏沉沉地入睡，不斷地重複著這個乏味的模式。為什麼一個人也沒有？帥氣到底在哪裡？那短短的四肢、黝黑的皮膚、飄逸的微捲髮、比我還容易吃驚的圓圓大眼。此時此刻，我對那個冤家思念入骨。

再次睜開眼睛，我聽到有人來了。帥氣啊！內心喊著那傢伙，可是發不出聲音來。我殷切地希望掀開簾子走進來的人是帥氣，但是卻出現一個陌生男人。

「Are you OK?」

他自我介紹說他是手術的主刀醫師，並告訴我一些驚人的事實。他說我的症狀原本被診斷為單純的闌尾炎，真正開始進行手術之後，才發現情況比預想的還嚴重。極度腫脹的闌尾最終還是爆開了，發炎症狀便擴散到其他器官，這是腹膜炎。正因如此，手術時間意外地變長了，也無法讓我移轉到普通病房。他說現在這個地方叫做加護病房。他可能一開始就預料到我會聽不懂這些醫學專有名詞，所以親切地用自己的手機翻譯器搭配簡單的英文，仔細地向我逐一說明。

雖然他的親切令人很感佩，內容卻讓人很震驚。什麼？腹膜炎？發炎症狀擴散到其他器官？加護病房？那我現在會變成怎麼樣？這輩子都要插著這該死的導尿管過活嗎？還有插在肚子兩側像姐妹產品一樣的管子？

「別擔心。因為這間醫院和你的主治醫生的實力都很優秀！沒有剖開肚子，只有鑽幾個小洞，用腹腔鏡進行了手術。如果是去別家醫院，肯定整個肚子都被劃開了。很快就會復原了，你是個幸運兒。」

他說出這段話的時候，帶著些許的自豪，但我不可能聽得懂腹腔鏡之類的單字。透過翻譯器搞懂了他高聳著肩膀的意思，以及當我聽到他說我的狀態「還不錯」之後，一想到我活下來了，我就再也聽不到任何話了。就只是非常地想念帥氣。我當然也很感謝他們的親切，但此時此刻我想做的事情是，說出「喔，媽呀！他媽的！我活下來了！」之類的話。對著我的老朋友說，用母語。

再次昏昏沉沉地入睡，然後當我睜開眼睛的時候，終於看到我如此想念的帥氣了。這瞬間，眼角的淚水突然氾濫成災。怎麼可能？我竟然看著這傢伙哭了，果然人生就是活久了什麼事都會經歷到。

我因為不知所措及難為情，無緣無故就開始對她追根究柢。問她這段期間到底跑去哪裡了，竟然放任病人不管！帥氣說這段期間她配合會面的時間，來過這裡好幾次了。只是每次來的時候，我都因為吃了止痛藥而睡著了，她就像現在這樣俯視我，看了一段時間之後，也只能無奈地回去。結結巴巴地解釋的她，眼睛也泛淚了。看到帥氣逐漸變紅的眼睛和鼻翼，我這段期間累積的委屈都爆發出來了。

儘管我說的話是很難聽得懂到底在說什麼的嗚咽，帥氣還是不停地點頭。她一臉「不管你說什麼，我都會聽」的表情，使我的眼淚再次流了出來。

第三章

現在進行式

回到大韓民國

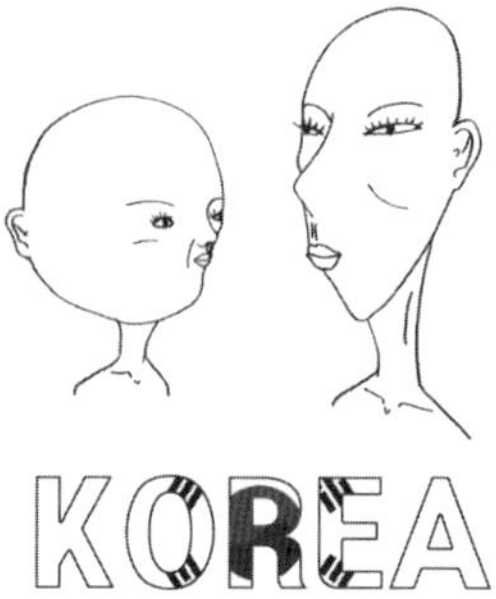

歡迎來到韓國。

用韓文寫的告示牌迎接了我們。不必站在長長的隊伍裡等待，只要通過自動通關，一下子就進到我的國家了。要往哪裡走也沒必要察看告示牌，看著用我的母語寫下的文字，彷彿是經常走的路一樣，輕而易舉地從自動通關走出來，在不停旋轉的行李提領處，將皺巴巴的背包放到手推車上。走出大門，還拍了一張照。我想記錄我剛踏上大韓民國土地的這一刻。找出放在背包深處，兩年間不曾拿出來的韓國USIM卡，一插進手機，熟悉的電信公司名稱就出現在手機畫面上。

我坐在椅子上等待哥哥，儘管我跟他說沒關係，他還是說一定要來接我。到達韓國之後，會是怎樣的心情呢？心臟撲通撲通跳嗎？很高興嗎？感到安心嗎？會流眼淚嗎？想再次離開嗎？所有在飛機上想像的劇本都莫名其妙地消失了。出乎意料地，非常理所當然，非常心平氣和。因為覺得很尷尬，於是向很久沒見到且變胖很多的哥哥說了一些無謂的玩笑話，並把背包裝進後車箱。

奔馳的車窗外，升起黃色的半圓月。明明是經常看到的月亮，卻覺得格外溫馨。它正要轉盈？還是正要轉虧？我不知道。

我不在家的這段期間，我家搬家了。將車子停在第一次看到的停車場，搭乘第一次看到的電梯，走過第一次看到的玄關門。媽媽在那裡。這段期間我好像老了，但媽媽還是跟原來一樣。彷彿是早上才送去上班的女兒回到家似的，她說：「我的乖女兒，回來啦？」然後抱了我一下，接著一邊炫耀說買了新床給我，一邊把我推進房間裡。時隔兩年的母女相逢，比想像中的還要枯燥乏味。

雖然這是後來才聽說的，但當時臉上看起來沒有特別高興的媽媽，急忙把我推進房間後，一轉身就哭了。可能是因為我殘破不堪地回來了吧。

我走進這個被稱為我的房間的地方。新的床、新的衣櫥、新的化妝臺，在我回來之前，一次都沒使用過的床。打開衣櫥，之前常穿的衣服整整齊齊地掛在裡面。新房間裡擺滿熟悉的物品，我擁有的東西比記憶中的還多。新的化妝臺上，放著以前用過的香水。我打開蓋子，拿起來貼近鼻子。我將和乾淨房間不搭的骯髒背包放在衣櫥前面，草草地洗完澡之後，再次回到房間。這時候才突然覺得很不自在，這個房間只有我一個人。沾滿旅行香氣和髒汙的背包放在那裡，但是偽善卻不在旁邊。現在，我躺在很久很久都不會改變的床上。

我很快就適應了，快到令人害怕。就連使用適應這個單字都讓人覺得彆扭，旅行的那段時光就像咚地一聲掉落下去的東西一樣，我繼續過著原本的生活。和這段期間很想念的人們見面，舉行了氣氛歡樂的酒席。朋友們用喜悅的眼神以及偶爾參雜著你看起來真了不起的表情，問我這個為期兩年的環遊世界之旅使我改變了什麼。並不是醉到無法回答，而是無法輕易開口。我也不知道，到底產生了哪些變化。

找到以後該如何過生活的答案了嗎？不，連明天怎麼過都還不知道呢。變成不管是多麼艱辛的情況、還是沒出息的樣子，都能寬宏大量地包容了嗎？好像沒有變成那樣欸。啊！好像反而比以前更懶散了。

回到家以後，這個問題也困擾了我好一段時間。如此漫長的時間、如此特別的經歷、如此多樣的相遇，都沒有對我造成任何影響嗎？雖然不是為了獲得什麼才出發的旅行，但是一想到真的沒有什麼變得不一樣的地方，我就驚慌失措了起來。

回國後第十天，韓國適應期

回到韓國後，最讓人有真實感的部分不是周遭漫天飛舞的韓文招牌，也不是美味的韓國料理。而是回來那天的仁川機場，在前往入境大門的接駁車車站前面，等待接駁車的時候，我心想車子什麼時候來，一轉頭便看見到處都有告示板，上面寫著每五分鐘一班。儘管如此，大家還是全體一致地在電扶梯上奔跑，好像正在賽跑一樣！沒有奔跑的人，就只有我和帥氣而已。大家都很忙碌的這個地方，就是我的國家韓國啊！電流流過全身。

為了解決整個旅行期間都在忍受的牙痛而去了牙醫診所。但是怎麼會有這種事？竟然說我是健康保險的無資格者，要我先從這個開始解決。為何偏偏要這麼傷人地叫什麼「無資格者」，呵呵呵。於是我前往健康保險公團⑲證明出入境的事實。只是洗牙和接受簡單的治療而已，差一點就要支付十五萬韓元了。

基於相同的原因，我將兩年前辦理停用的各項事務一一辦理恢復。健保、國民年金、電信公司、網路、當時辦理停用的帳戶，以及補發遺失的身分證等等……好

⑲類似臺灣的中央健康保險署。

像簽名簽了四十次以上吧。感覺很像在各種機關舉行我的個人簽名會。

和帥氣通了電話。奇怪，令人無法理解的尷尬感透過電話湧了出來。這是怎麼回事？為什麼會有這種尷尬的感覺呢？明明這兩年來都黏在一起啊？掛斷電話之後我才豁然開朗，和這傢伙進行「電話通話」，也是一件時隔兩年的事情。

我洗了澡。不是淋浴的那種洗澡，真的是睽違已久了。回國之後就要去澡堂，將身體託付給搓澡師傅阿姨，讓她幫我搓澡，這是我當初的計畫，也是我遠大的夢想，但是因為肚子上還留有闌尾手術的疤痕，只好在家裡進行。就結論而言，這是個明智的選擇。因為那天搓出來的汙垢實在有夠多，我彷彿在家裡浴室開了一間刀削麵麵店，如果去找搓澡師傅，恐怕要被加收好幾倍的額外費用。

我想到不能只有自己洗，於是我決定也讓背包洗它生平的第一次澡。將浴缸裝滿熱水，倒入洗衣精，接著讓這位朋友躺下的瞬間，我家浴缸開始吐出世界各國的汙垢。突然間，我陷入了彷彿浴室裡有恆河在流動的詩情畫意之中。

沒洗的頭髮加上領口鬆到不行的T恤和設計混雜的運動服，隨便穿一穿就出門了，去和從小就認識的鄰居老友們見面。一杯、兩杯地喝，如果喝到酩酊大醉，就一個一個地把這些熟悉的傢伙們送回家，然後我再走路回家。家門前就能見到的朋友們，走路就能回來的我的家，以前從不覺得這是一件如此幸福的事情。

和住得比較遠的朋友們約好要見面。由於手機在坦尚尼亞被偷了，所以我借用媽媽的手機，好不容易才約定好。正因如此，當天到底能不能見到我，他們一直覺得很不安。約定時間是下午四點，地點是江南站的佐丹奴前面。

「不可以移動到別的地方喔，一定要待在佐丹奴前面。不可以中途變更地點！因為我看不到訊息！」

像這樣用類比時代的方式做約定，是多久以前的事情了？沒有手機的時候到底是怎麼生活的呢？

為了參加朋友的婚禮，我化了妝。不，應該是易容。打開在抽屜裡沉睡的化妝包，翻找了老半天，嘆了一口氣，然後把所有的化妝品都丟了。化妝品的保存期限大部分都是開封後一年。由於在國外東奔西走了兩年，這些以前用過的化妝品，全部都得舉行葬禮了。最後，我借用媽媽的化妝品，勉強上了一點妝才出門。

打開這兩年都關著的衣櫥。明明是出國前穿得又皺又舊的衣服、穿到很膩的衣服，不知道為什麼，總覺得很像新衣服。光是穿上不是緊身褲的褲子，就夠讓人心滿意足了。

被媽媽當作是突如其來的新生兒。由於在世界的街道上流浪了兩年，再加上回來的前夕因為闌尾破裂而在肚子上穿了洞，所以，我多少能理解她想照顧我的心情。然而，照顧的程度卻日益加劇，嚴重到她好像馬上要幫我包上尿布的感覺。

走在村子裡，有人向我問路。想要親切地告訴他，轉身的瞬間，卻有種奇妙的感覺襲來。啊哈，我現在正在告訴某人路怎麼走欸！過去的兩年裡，用各種語言向人問路，一直都是我的分內事！驚喜、充實、自豪、幸福的日子正在繼續。

考慮要不要做的時候

「帥氣啊，你回到韓國之後要做什麼來維持生計呢？」

回國前夕偽善這麼問。

「嗯……經過這兩年，我的實力不如從前了，如果有願意接納我的地方，我應該會重新去做服裝設計吧？除此之外，我目前也沒有其他才能，而且這也是讓我做得很開心的工作。」

回到韓國的我，很理所當然地成了窮光蛋。不，在旅行的最後一站印度，我就已經向在韓國的朋友商借旅費了，所以我還有欠債。以適應期這個好聽的藉口和想見的人見面、吃想吃的食物，過了好長一段有如紈褲子弟的時光，我才清醒過來。必須要盡做人的本分，賺錢！

首先，必須要籌措還給朋友的錢才行。恰好和前公司的室長見了面，因此得到一個兼職工作。雖然是有需要人手的時候才要過去幫忙的簡單工作，但我現在並不是可以挑三揀四的處境。同時也找了其他兼職工作，有什麼就做什麼，最後總算湊齊目標的錢。就在那個時候，我收到了室長的詢問，他問我要不要回去公司上班。照理說，公司應該會很討厭那個興高采烈離開的我，但是我卻得到這個令人意外的提議，因此我不斷地表達謝意，然後還獲得考慮的時間。

這時候，發生了一件意想不到的事情，偽善和我收到了演講邀請。提議的單位說，這段期間在部落格上看了我們的旅行故事，覺得很有趣，想聽到更多樣的故事。可是他們並不是要我們將這些沒什麼了不起的旅行故事喃喃自語地寫在部落格或社群網站上，而是要我們直接站在為了聽我們的故事而聚集在一起的陌生人面前，說給他們聽。

「雖然很感謝他們的賞識，但還是婉拒吧。我們並沒有什麼了不起的，用專屬自己的方法環遊世界的帥氣之人不知道有多少呢。就別亂出風頭了吧。」

起初是想要鄭重地拒絕他們。但是想法馬上又轉變成「沒什麼了不起的旅行，也是有它自己的魅力，不是嗎？並不是每個人都夢想著了不起的旅行，不是嗎？要是聽了我們的故事之後有人被打動了，就算只有一個人，如果能為他帶來好的影響力，也算是有意義了吧？」。我並沒有苦惱太久。

我打電話給偽善，簡短但很真誠地傳達了我整理好的想法。正好她也和我下了一樣的結論。在大喊「努力準備看看吧！」以及很俗氣的「加油！」之後，偽善說了一些讓我感到驚訝的話。

「要準備的東西很多，加上這對於不擅長說話的你來說，並不是會讓你很有自信的領域。你這麼爽快地說要做，讓我嚇了一大跳。你變了很多欸。」

我恍然大悟。是啊，如果是以前的我，肯定不會想做。這不是可以施展我那微不足道的才能的領域，而且非要我們講故事不可嗎？一定會很難為情。我最後肯定會在選擇的分岔路口上，下定決心「不去演講」，而且堅持這個立場到底。

我就是這樣的人。偶爾會想要加入有類似興趣或愛好的同好會，創造新的緣分、跟大家一起享樂，但總是在臨近出門時改變心意。比起見到新朋友的興奮，厭煩的感覺更多。即使說要度過一個精彩的週末，並計畫要去美術館，但真的到了休假當天，又悄悄地將計畫收起來放好，然後在家耍廢。而且還製造了很好的藉口，「週間這麼辛苦地工作，週末當然要放鬆一整天，好好地休息才對啊」。

重新回顧旅行的時光。雖然沒有任何被賦予的、必須要做的事情，但是一整天都是選擇的連續。要起床吃含在住宿費裡的早餐嗎？還是要爽快地無視它，再多睡一會兒呢？路上遇到的旅人說要跟我們同行，要答應他的提議嗎？還是各自分開去旅行，免得到時候一堆顧慮呢？要戰勝恐懼進入夜晚的大海？還是放棄呢？

大大小小的選擇聚集在一起，創造出一天，然後一天一天累積起來，所謂的兩年時間就這樣流逝過去了。並非什麼了不起的選擇和決定。即使現在這個行動很麻煩也要試著行動看看嗎？要嘗試看看沒試過的事情嗎？即使會很緊張也要試著承受看看嗎？即使有點不方便也要試著忍耐看看嗎？就只是類似這樣的事情而已。

本來在這種小選擇面前，大部分都是選擇不行動、靜靜待著的我，在旅行期間，不知道是因為偽善從背後推了一把，或是有了很多時間，還是因為無聊等等各式各樣的理由，我做了很多種嘗試。這麼做的同時，我領會到了，與其靜靜待著，不如選擇行動；與其選擇經常做的事情，不如選擇不一樣的事情，這樣才能帶來新的樂趣。雖然常常會因為不成功，就轉過身去低聲罵幾句髒話。但是不知不覺中，在選擇的分岔路口上，即使麻煩也想試著行動看看、即使是沒試過的事情也想嘗試看看、即使很緊張也要試著承受看看、即使不方便也要試著忍耐看看，我發現了具備這種姿態的我。

總是爬進用悠閒和休息包裝起來的懶惰外殼和舒適圈裡，我好像稍微有一點從這個慣性中跳脫出來的感覺。終於找到了！這趟旅行改變了我！原來只是因為改變得非常緩慢，所以沒有察覺罷了！

我深吸一口氣，同時撥電話給室長，小心翼翼地跟他約好要見面，並挑選說詞來拒絕那個令人感謝的提議。

然後，我決定從今以後要按照每天的選擇來過生活。雖然不知道明天會發生什麼事、現在要做什麼事、這個選擇會變成多麼刻骨銘心的後悔，但是我好像知道了明天要如何活得跟今天一樣有趣的方法。我的旅行還沒有結束。

考慮要不要說的時候

我想得到每個人的喜愛，我想得到大家的認同。即使不是「那位朋友最棒了」，也希望不要是「她真的不怎麼樣」。我是一個飽受「好人情結」折磨的人。即使在討厭的人面前也不會露出痕跡讓他知道，因為儘管我不喜歡他，也還是希望他不討厭我。就算討厭也裝作喜歡、就算不耐煩也裝作沒事、就算不贊同也裝作同意。我對很多人都是使用不同於內心的方式去對待，或是使用更誇張的方式去對待。也就是說，我會隱藏不好的情緒，並將好的情緒表現得比實際情緒更加誇大。這是屬於我自己的情緒勞動嗎？一定會在某一瞬間爆發的。

我在旅行期間才發覺這個事實，並且在回來之後漸漸確信了，回國之後和很多人見面的同時確信的。明明不是初次見面的人，卻感覺像見到新朋友。明明是認識的人，卻產生一種既熟悉又陌生的矛盾情緒。再次和兩年前經常見面的人們相見，一起喝咖啡、吃飯、喝酒，然後我明白了，原來我以前會在不知不覺中用虛情假意對待他們。原來我很不坦率。因為見到了原本就認識的人，所以過去對待他們的方式、打招呼的意向、露出來的表情、叫人的稱呼、使用的語言等等，就這樣浮現出來了。如同小時候學過騎車之後，時隔多年再次騎上腳踏車的感覺一樣。

然後我察覺到了。關於對待他們的方式、語言以及我的情緒，比起坦率，我更充滿了想要好好表現的渴望。雖然並非全然如此，但是比起雙方處於對等地位且正向均衡的關係，大部分都是我這一方處於忍耐的狀態。最重要的是，真正的敵人在於不由自主地忍耐和體貼。即使內心不認同對方說的意見，卻假裝大致上同意，含糊其詞地蒙混過去。即使內心因對方的言行而受傷，卻因為不是什麼大事，便不露聲色地讓事情過去。即使不覺得特別高興或幸福，卻為了顯現出對方對我來說是多麼重大的存在，於是故意誇大地表現出來。

我對待對方的所有行動和話語，重心都不是「我和對方」，而是「對方」。我的關係中缺少一個叫做「我」的人。當時認為那是體貼，現在回過頭來看，那更近似於自私。希望對方將我認知為好人的心情，是看不見的強迫。有很多表面上看起來如流水般自然柔順的對話和會面，但實際上只不過是虛有其表的場面話而已。「對任何人都很好的人，絕對不可能對某一個人好」，我親自證明了這句話。

越是被熟悉的違和感包圍，就越常想起在寮國龍坡邦遇見的那個大叔，以及與他之間發生的事情。那天直視他的眼睛，抬頭挺胸、打直腰桿，明確地吐露出拒絕意念和不悅情緒的記憶。包藏在內心深處的情緒，未經過看人臉色的大腦過濾器，就原封不動地釋放到外面的那瞬間的淨化作用，以及在那之後通過全身的自在感。

我不想再沿襲以前的虛情假意了。現在正是設定新關係的好時機，兩年的空窗期成為很好的跳板。當我考慮要不要說的時候，我開始舉手贊成說出來。我說這些話的時候，對方會有怎樣的想法、會怎麼看待我，在我開始煩惱這些事情之前，先平靜且坦率地說出我的感受及想法。於是，出現了驚人的事情。

令人感到意外的是，人們都若無其事地接受了。我改變的事實，好像除了我自己以外，沒有任何人察覺似的，一切都很自然。我以前認為要是我吐露出不好的情緒，對方就會指責我。我認為即使對方表面上笑笑的，轉過頭之後，也是暗自罵道「你自己又有多了不起」，心裡一定很介意。然而，當我真的吐露了真心話之後，大部分的人都是這麼說的。

「啊，對不起，偽善。是我錯了。事實上，我並不是那個意思，但聽了你的話之後，我發現那確實會讓人誤解。我以後會多加注意。」

看對方的眼睛，感覺他不是在對我說假話，他也是說出他的真心話。平靜地表達出自己的感受，而且我的情緒因此得到對方的認同和道歉，不好的情緒便奇蹟般地消失了。吐露出那些因為害怕會破壞關係而忍住不說的話之後，關係反而變得更好了。這才感覺到我作為我自己和人們締結了關係。

從今以後，我再也不會因為我說的那些瑣碎話語，擔心對方會怎麼評斷我。也不會害怕因為犯了一兩次錯誤，對方就拋棄我。如果犯了錯，就真心誠意地道歉，如果內心因為對方的失誤而受了傷，就如實地說出自己的感受，並真心誠意地接受對方的道歉，我想成為這樣的人。雖然無法百分之百改變，而且到死之前都無法變得至臻完美，但只要比昨天更加真心誠意地擁抱我周圍的人，並且可以被他們擁抱的話，今天似乎就會比昨天更幸福一些。儘管在旅行中只撈到這一樣東西，也是非常令人滿意的領悟與變化。

回國後的生活，維持生計主義

有很多人在問。

「最近很忙吧？又寫書又演講，很受歡迎嘛。賺了不少錢吧？」

另外也有很多人說。

「這樣的人生能走多遠？這都是一時的。你有替未來作準備嗎？」

就結論而言，這些話可以說它對，也可以說它不對。

第一，我很忙碌，但也很不忙。有時候忙得不可開交，有時候時間又多到滿出來。過著不用每天上班且工作超過八個小時的生活之後，所謂的時間啊，只要有心，要多少就能製造多少出來。不過，由於沒有「上下班」的框架，即便是特意製造出來的時間，也常常因為想著工作，而使時間被蠶食掉。很難將工作和生活分離。哪一個比較忙呢？我不知道。

第二，又寫書又演講，確實是這樣沒錯。但是，受不受歡迎還是個未知數。正在做想要做的事情，就是很受歡迎嗎？和各種首屈一指的企業一起工作，就能說是很受歡迎嗎？在社群網路平臺上得到很多「讚」或「愛心」，就是很受歡迎嗎？如果有人可以告訴我「很受歡迎」的定義是什麼，我就可以正確地回答出來了吧？所以這個問題我也只能說我不知道。

第三，雖然有賺錢，但是並沒有很多。用「沒有很多」來形容似乎還不太夠，針對這個問題，我要特別說明一下。因為在前三個問題中，它最能明確回答。

去年八月，我面臨了史無前例的財務匱乏。這不是象徵性的意思，是「真的」沒錢了。因為沒錢吃飯，所以沒吃飯。雖然我不確定這句話是否要用過去式來表達，但至少現在是可以餬口的程度了。那個時候連餬口都有困難。從某種程度上來說，這是可以預見的事情。

我跟出版社簽約之後，便刻意減少工作量。因為我認為，在旅行的印象揮發掉之前，即使只有提前一天，也必須盡快將原稿寫出來。按照我的想法，本來是想放下所有工作專心寫作，但是因為要吃飽才能活下來，所以還是做了可以維持生計的工作。這是屬於我的選擇與集中[20]。工作做到這種程度，拿到這種程度的錢，就能解決保險費、電信費、交通費、餐飲費了吧。因此我真的只做了可以維持基本生活

[20] 國家或營運公司的策略之一，將資源集中在選定的買家、市場或產品種類。

的工作。然後，人生徹底地給了我一記重擊。

我沒有收到曾工作的企業匯來的錢。已經超過之前告知的支付日期好幾天了，於是我聯繫負責人。這可不是可以悠哉等待的情況，帳戶餘額直線下降，正在向零逼近。收到這筆錢我才能拿來補貼其他工作的交通費、才能買飯來吃……十萬火急。但是負責人卻傳來道歉的話，他說支付日期不得不延遲至下個月。大概是哪裡出了錯吧，我的人生總是充滿變數，為什麼我沒有想到呢？

召開緊急財政會議。到下一個領款日之前，必須實行財政緊縮政策。和帥氣一起勒緊褲帶。首先，我們決定大部分的工作都要在家處理。雖然之前因為是利用咖啡廳或創業支援中心的免費空間，所以空間使用費不高，但是，其實從離開家裡的那一刻起，就開始花錢了。肚子餓的時候就會買點什麼來吃，以及來回的交通費都要花錢。幸好現在做的工作，只要有電腦，去哪裡都可以做。盡量在家裡工作，一定要一起工作的時候，就把冰箱裡的東西拿出來，把可以吃的東西通通打包。連買一瓶水的八百五十韓元也必須省下來，將空瓶裝滿水之後再出門。

雖然生活飄散著窮酸味，心裡卻不覺得寒磣。因為很努力生活，所以並不羞愧。我反而對於堅毅挺住的自己感到自豪。儘管如此，悲傷的時刻還是來臨了。

也就是必須向珍愛的人表達心意的時候，想要說出「我請你喝一杯，出來吧」的夜晚、與想請他吃頓飯的後輩見面的時候、看到美麗的花束而想起媽媽的時候。想對某人傳達心意的那一瞬間，比起心意的大小，首先想到的是帳戶餘額。將一起喝一杯的話吞回去，將拿在手上的花放回去，心裡一陣惆悵。

就在那個時候。有一位同樣走上自由工作者之路的朋友問道：「你們以後要賺到多少錢才會覺得滿足呢？每個月三百萬韓元？四百萬韓元？」

我很自然地回答說：「這個嘛，多到當我想為我的親朋好友們做些什麼的時候，可以不用擔心錢的問題？」

在回答問題的同時，因為想和那位朋友一起吃碗湯飯、喝杯燒酒，於是又默默地想起了帳戶餘額。

對於想要辭職、嘗試其他工作的人，我一定會對他們講八月財務匱乏的故事。對於沒有勇氣擺脫維持生計主義的束縛而感到煩躁，卻又不得不去上班的人，我更要告訴他們這個故事。雖然我還只是個剛開始自由工作者生活沒多久的小人物，但是我很坦率地說出我感覺到的虛與實。

我認為誰也無法代替別人來判斷上班族、創業者和自由工作者之中，哪一種生活比較好。這是在親身經歷之前，自己也很難回答的問題。我啊，與其要擔心當下吃飯的錢，不如忍受討厭的部長還比較好。這類關於「我」的知識，只有實際經歷過才會知道。不是因為學了所以知道，而是因為事到臨頭所以感受到了。

幸好我現在的情況比較好了。脫離主流，開始走上其他道路，如果要用一句話概括我的感受，那就是「感覺穿了非常合身的衣服」。雖然當下肚子會有點餓。

關於是否有替未來做準備的這個問題，可以說有，也可以說沒有。我認為說準備好了卻無法做準備，就是未來的未來。雖然很像玩笑話，但是我沒有表達得比這個更精準的才能。現在的每一天都是瞬息萬變，未來會變得怎麼樣是我這種人可以預測得了的嗎？無法預測的事情有可能準備好嗎？如果有可行的準備，難道不是找到並穿上能使我正常行動的「合身的衣服」嗎？具備無論怎樣的新環境來臨都能輕易適應的柔軟性，只有這個才是唯一的準備，不是嗎？當然，我承認，這也是一種預測和準備的悖論。

最後，這樣的生活能過到什麼時候？關於這個問題的答案，老實說，我也不知道。離開公司之後已經過了好幾年，其中兩年去旅行了，回國之後「正在死撐」。結束旅行再次回到仁川機場的時候，錢包裡只有三萬四千韓元左右，甚至還用附錄記下欠朋友的債。雖然眼前要維持生計的工作一片渺茫，但經過苦思之後，我沒有重新進入公司上班，而是選擇了自由工作者的生活。

「為了自發性的生活，成為選擇性的無業遊民」，穿上這個虛張聲勢的包裝來掩蓋不安。用這點錢要怎麼生活的令人擔憂的收入，以及連這點收入都沒有的時候，無論如何都要撐過去、撐著、撐住。

在領薪水工作的時期，對於工作的意義並沒有切膚的感受。每天在同一時間去上班，和每個月二十五號印在存摺上的數字，總覺得是兩碼事。然而，最近做的工作是為了維持生活，這種成就自我的感覺，是前所未有的東西。工作馬上就變成吃的飯、變成穿在身上的衣服的真實感。雖然不是做用身體勞動的工作，卻有種靠勞力吃飯的感覺。

自然而然地，我會將每一個工作做到最好。如果是覺得無法做到最好的工作，打從一開始就不會接。如果覺得不太樂意，或是因為跟我的特性不符而覺得有壓力，或是感覺會很不自在的工作，我就會鄭重地拒絕。即使現在肚子很餓，但我相信只有這樣調節平衡，才能長久地走下去。

當然，並非每一次的決定都很容易。也不是每一次都能成功。但是，這些苦惱、決定、後悔、調節的時間，正在成就著我。所謂「活著」的真實感，有如此生動鮮活過嗎？我喜歡那個工作和生活混在一起的熾熱溫度及窮酸味。我有種完全扎根在這個世界、在這片土地裡的感覺，希望這種感覺的真面目是「自尊感」。

「這都是一時的。」我同意這句話。現在只不過是活在「一時」，下一次可能會搖搖晃晃，再下一次可能又會變得不一樣。因為我不是完成品。但是我敢大膽預測，我暫時會過著類似的生活。我想過著能為他人帶來正向影響的生活，因為我覺得我正朝著那個方向前進。

我啊，我想為了我自己，就這樣繼續生活下去。因為現在很幸福，比昨天的我更知道自己是怎樣的人、要如何生活才會感到幸福。我相信這就是我的維持生計主義，也是「替未來做的準備」。

後記

寄給某個人的明信片

環遊世界的時候，每移動到一個城市，我就會寄出一張明信片。收信人只有一個，待在韓國的媽媽。留下必須無限期等待我的媽媽，自己跑到國外旅行的罪惡感，非常沉重。身為爸爸不在世上、又沒有兄弟姊妹的獨生女，我寄給形單影隻的媽媽的明信片，其實是無論如何都想減輕一點重量的、屬於我的自我安慰。

每次抵達新城市時，我最先去的地方就是當地的郵局。接著去紀念品店挑一張明信片，然後當場就開始寫明信片，從不推遲。在只有手掌般大小的紙上，將當時眼前看到的風景、吃到的食物、遇見的人們的故事鉅細靡遺地寫下來。不管是在等待公車的公車站一角、或是等待餐點的餐廳桌子上、還是必須搭三天兩夜的火車臥鋪上，隨時隨地都在寫明信片。

當我在開始環遊世界之後的第一個國家、第一個城市，西班牙馬德里，寄出第一張明信片的時候，我還不認為這個為了媽媽而做的企劃很困難，等到真的開始執行之後，才發現這不是一件容易的事。

困難的理由也是五花八門。去到窮鄉僻壤，不禁會想到「別說是明信片了，這種地方真的會有稱為郵政系統的文明嗎？」的時候。說要寄到韓國，郵局職員就遞來可以將整張明信片覆蓋住的八張郵票，拿著這些郵票，完全不知道該從何貼起的時候。由於明信片的材質連衛生紙都不如，根本無法用筆書寫，只好用原子筆尖端用力按壓，做出壓紋，然後以匠人精神填進墨水的時候。寫好的明信片堆積如山，卻因為無法配合郵局的營業時間，明信片在輔助背包裡打滾了幾天幾夜，變得又皺又髒的時候。每當這些時候，就會有種難以言喻的厭煩感。同時也感覺到為媽媽而做的心意，從某一瞬間開始變成了「必須要做的事情」，漸漸變得吃力。

某天，我一邊寫明信片，一邊想著「這是最後一張，從今以後就不要再寄了吧？」的時候，正好連上時隔好幾天的 Wi-Fi。手機裡突然出現不知道何時傳來的訊息，是媽媽。

「我最親愛的女兒，你過得好嗎？現在在哪裡啊？今天出現了三張明信片！媽媽覺得好幸福喔。自從收到第一張明信片之後，我每天早上睜開眼睛，就會先去打開信箱。」

我一時之間愣住了。凝視著液晶螢幕的眼睛和拿著明信片的手，同時開始發熱。生怕拿在手中的明信片的郵票會掉落，硬要再抹一次口水。塗抹的同時，希望曾經不想再寄的想法、曾經覺得麻煩的心情都能溶解在口水裡，消失不見。

從此以後，每到一個地方，我就更加認真地寫明信片，像寫日記一樣，像習慣一樣。後來，不知道從什麼時候開始，我會在一兩行的地址後面，加上對郵差的感謝小語。現在這個時代，來來去去的信件彷彿就只有通知信而已，我對於在這種時代，每次都幫忙遞送一張飄洋過海而來的髒兮兮的紙，連臉都不知道長怎樣的人心生感謝。偶爾會下定很大的決心，寄送昂貴的立體卡片或長篇信來代替明信片。根據明信片或信件的重量與寄件地，有些一星期後就收到了，有些三個月後才收到。不對，是聽說收到了。

每次信箱裡有明信片的時候，媽媽一定會傳訊息來說她收到了。多虧各國參差不齊的郵政系統，媽媽閱讀的《明信片環遊世界遊記》才會逼不得已連載得顛三倒四。當媽媽收到內容寫著氣溫超過四十度的明信片，並且傳來「我的女兒，天氣這麼熱，該怎麼辦才好啊」的訊息時，我正在朝手心呼氣取暖，並抱著羽絨睡袋。

回國之後，我聽媽媽說起，才知道她把寶貝女兒走過的痕跡用點連接在地圖上。她將總是寫在明信片最上方的當天日期、國家和城市名稱依序排列核對。回韓國的前幾天，從印度新德里寄出的最後一張明信片，結果比我晚十天到達家裡。全部集合起來計算，明信片的整體收信率大約是七〇%左右。看來全世界的郵政系統比想像中還要好嘛，這麼想的同時，還是覺得那些消失不見的明信片很可惜。由於我無意間說出「剩下的三〇%跑到哪裡去了呢？」，媽媽便回答說：

「這個嘛，他們可能也跟你一樣，正在某個地方旅行吧？」

真是令人意想不到的如詩一般的回答。

一個字一個字工工整整地寫在明信片上的時候，我總是在下定決心。回去之後要好好做才行，要成為像樹蔭一樣的女兒才行。如同寫下的字數，一次又一次地下定決心。然而，我卻發現我不知道從什麼時候開始，三天兩頭就會和媽媽吵架。

一大早吃了媽媽準備的飯菜。回國之後，曾經令人深受感動的「媽媽做的飯」，不知不覺中也變成理所當然的事情了。吃完飯之後，沒有幫忙洗碗就跑出去。以忙碌為藉口，一直到深夜才回家。只要我打開玄關門走進去，正在睡覺的媽媽就會悄悄地走出來，執意接過我那並不是很重的包包，然後問東問西。

你去哪裡了？和誰見面了？晚餐吃了沒？還有錢嗎？衣服是怎麼回事？明天也要出門嗎？要幾點出門？要吃完早餐再出門嗎？說要做的工作有順利嗎？

由於內心相當疲憊，只想趕快洗完澡躺下休息。媽媽睡到一半跑出來，應該也很累了吧？但是為什麼媽媽的疑問和憂慮水井，沒有乾枯的一天呢？不停地回答再回答，結果我無可奈何地感到厭倦了。不該拿出來的帶刺箭矢已經放上嘴邊，而且立刻就離開了弓弦。

「啊，媽媽……」

「媽媽，你不累嗎？」

「那個我自己會看著辦。」

「你以為我還是小孩子嗎？」

「啊，確實是有那樣的事，不過就算跟你講了，你也聽不懂。」

剎那的沉默之後，「是啊，你累了吧？趕緊洗澡睡覺吧。」說完便轉身走回主臥室的媽媽。

我，是個壞女人。

某一天媽媽不在家的時候，我打開了主臥室的抽屜櫃。那些放在深處用黑色塑膠袋包得緊緊的明信片。我把這些按照日期整齊疊放，並且珍貴地綑綁在一起的朋友們全部拿出來，拍掉灰塵。一張一張翻閱，然後將它們密密麻麻地掛在客廳的其中一面牆上。我不是為了給媽媽看才這麼做的，是因為我想看才掛上去的。自己在心裡默念咒語，不要失去當時寫下每一個字的初心。

我們真正的旅行

接到出書的提案之後，苦思了好一陣子。想要向整個村子甚至向狗炫耀的自豪感和原因不明的彆扭感，卻一起湧了過來。彆扭的真面目很快就被揭露了，這是關於要說「什麼」的問題。書店裡已經充斥著各種講述旅遊經歷的書籍，我們說出來的話，真能不同於那一顆顆綴飾在裡面的故事嗎？並沒有因為旅行時間稍微久一點，就覺得那些經驗很了不起，有非得寫到紙上的必要嗎？

當然，為期兩年的旅行是無悔的選擇，出發去旅行的事實依舊令人感到自豪，即使時光倒回，還是會做出同樣的選擇。這對我、對我們來說，顯然是個正確的決定。然而，這只是我們的情況，並不是對所有人都適用的真理吧？會不會陷入將個人經驗和想法普遍化的謬誤之中？由於各式各樣的想法和羞愧的內心，過了很久都還找不到出書的應當性。

另外，我們想揭示的是，我們認為旅行並不會為生活的各種問題提供正確答案或萬能鑰匙。人生應該要有一次背上背包就出發的旅行，最近這種慫恿人的潮流，令人感到很不自在。使沒有條件這麼做的人感到相對的剝奪感，讓人覺得很不是滋味，助長這種氛圍的故事也很不應該。

話雖如此，最後還是寫了關於旅行的書。由於我們自己知道這其中的矛盾，因此我們不斷地猶豫、苦惱、討論。

如果最後在紙上留下的這些印刷字可以具有意義的話，我們只有一個要求。「原來也有這樣子生活的人啊，原來不走既定的路也不會出什麼大事啊，原來有其他追求幸福的方法啊。」希望我們的故事可以成為這樣的「轉機」。這便是我們寫下這本書的動機，同時也是我們追求的目標，唯一想要帶給某個人的影響力。

當然，如果我們的故事能使某個人萌生旅行動機，我們一定會熱烈支持。因為我們認為無論是哪種型態的旅行，都會伴隨著屬於它自己的意義、回憶和成長。旅行在瞭解自己是怎樣的人這方面，也有非常出色的效用。可以發現尚未發掘的驚人才能，也會發現過去因為不知道，所以總是莫名奇妙地被人從背後捅一刀的該死的缺點。

常常有人問我們想不想再次出發去旅行。每當這種時候，我們都會回答說現在還不想，但是開始寫書之後，我們好像知道了箇中緣由。是不是因為旅行過後，我們仍然活得像在旅行一樣呢？考慮做還是不做的時候，試著做本來不做的事；考慮走還是不走的時候，試著朝陌生的路邁進一步；考慮說還是不說的時候，試著平靜地吐露總是藏在心中的話。這就是我們的旅行。

最近的日常生活跟那段期間的旅行一樣不可預測，由此可見，旅行的慣性似乎還沒褪色。我們在寫還是不寫的分岔路口做出了選擇，希望作為其選擇結果的這本書，對於猶豫讀還是不讀，然後翻開書頁的你來說，也是一次清爽的換氣時間、如一陣微風般的旅行。

苦惱要不要叫辣炒年糕外送的凌晨，帥氣與偽善

二〇一八年七月

HEART
心|視野 心視野系列 047

年屆 30，與其結婚，不如夜半脫逃！

서른, 결혼 대신 야반도주

作　　者　金帥氣、魏偽善
譯　　者　陳采宜
總 編 輯　何玉美
責任編輯　陳如翎
封面設計　楊雅屏
內頁排版　theBAND · 變設計— Ada

出版發行　采實文化事業股份有限公司
行銷企劃　陳佩宜 · 馮羿勳 · 黃于庭 · 蔡雨庭
業務發行　張世明 · 林踏欣 · 林坤蓉 · 王貞玉
國際版權　王俐雯 · 林冠妤
印務採購　曾玉霞
會計行政　王雅蕙 · 李韶婉
法律顧問　第一國際法律事務所　余淑杏律師
電子信箱　acme@acmebook.com.tw
采實官網　www.acmebook.com.tw
采實臉書　www.facebook.com/acmebook01

I S B N　978-957-8950-98-6
定　　價　360 元
初版一刷　2019 年 4 月
劃撥帳號　50148859
劃撥戶名　采實文化事業股份有限公司
104 台北市中山區南京東路二段 95 號 9 樓
電話：(02)2511-9798　傳真：(02)2571-3298

國家圖書館出版品預行編目資料

年屆 30, 與其結婚 , 不如夜半脫逃！ / 金帥氣 , 魏偽善作 ; 陳采宜譯 . -- 初版 . -- 臺北市 : 采實文化 , 2019.04

面 ;　公分 . -- (心視野系列 ; 47)

ISBN 978-957-8950-98-6(平裝)

1. 旅遊文學 2. 世界地理

719　　108002842

서른, 결혼 대신 야반도주
Copyright ©2018 by 夜半逃走 (Yabandoju)
Published by arrangement with Wisdomhouse Mediagroup Inc.
All rights reserved
Taiwan mandarin translation copyright ©2019 by ACME Publishing Co., Ltd.
Taiwan mandarin translation rights arranged with Wisdomhouse Mediagroup Inc.
Through M.J. Agency.

采實出版集團
ACME PUBLISHING GROUP
版權所有，未經同意不得
重製、轉載、翻印